# 高校思想政治理论课实践教学创新研究

孙　苓　孙天罡　金明兰　著

U0950388

北京工业大学出版社

图书在版编目（CIP）数据

高校思想政治理论课实践教学创新研究 / 孙苓，孙天罡，金明兰著. — 北京 ：北京工业大学出版社，2021.5

ISBN 978-7-5639-8003-1

Ⅰ. ①高… Ⅱ. ①孙… ②孙… ③金… Ⅲ. ①高等学校－思想政治教育－教学研究－中国 Ⅳ. ①G641

中国版本图书馆 CIP 数据核字（2021）第 111788 号

# 高校思想政治理论课实践教学创新研究

GAOXIAO SIXIANG ZHENGZHI LILUN KE SHIJIAN JIAOXUE CHUANGXIN YANJIU

**著　　者**：孙　苓　孙天罡　金明兰
**责任编辑**：尹　航
**封面设计**：知更壹点
**出版发行**：北京工业大学出版社
（北京市朝阳区平乐园 100 号　邮编：100124）
010-67391722（传真）　bgdcbs@sina.com
**经销单位**：全国各地新华书店
**承印单位**：唐山市铭诚印刷有限公司
**开　　本**：710 毫米 ×1000 毫米　1/16
**印　　张**：8.5
**字　　数**：230 千字
**版　　次**：2023 年 4 月第 1 版
**印　　次**：2023 年 4 月第 1 次印刷
**标准书号**：ISBN 978-7-5639-8003-1
**定　　价**：60.00 元

**版权所有　　翻印必究**

（如发现印装质量问题，请寄本社发行部调换 010-67391106）

# 前　　言

高校思想政治理论课实践教学过程是教育信息传播的过程，把传播学受众理论的研究成果应用到高校思想政治理论课实践教学中，有利于创新教学理念、优化教学路径，从而切实提高高校思想政治理论课实践教学的效果。在党中央的高度重视和各高校的积极探索和努力下，高校思想政治理论课实践教学建设虽然取得了许多可喜的成果和有益的经验，但是仍然存在一些问题，如实践教学规范性不够、教师素质不高、考核形式单一、保障机制不完善等。针对这些问题，本书在高校思想政治理论课实践教学创新方面提出了一些对策，旨在提高思想政治理论课实践教学的质量，充分发挥其实践育人的功能。

全书共分为七章。第一章为绪论，主要阐述了高校思想政治理论课实践教学的背景、高校思想政治理论课实践教学的概念界定、高校思想政治理论课实践教学的基本功能，以及高校思想政治理论课实践教学的重要意义等内容；第二章为高校思想政治理论课实践教学的思想溯源，主要阐述了马克思主义经典作家关于实践理论的论述、著名教育家关于实践教学的阐释、高校思想政治理论课实践教学的发展等内容；第三章为高校思想政治理论课实践教学的现状分析，主要阐述了高校思想政治理论课实践教学取得的成绩、高校思想政治理论课实践教学存在的问题，以及高校思想政治理论课实践教学存在问题的原因等内容；第四章为高校思想政治理论课实践教学模式的创新，主要阐述了高校思想政治理论课实践教学模式构建的必要性、高校思想政治理论课实践教学的常规模式、高校思想政治理论课实践教学模式的创新探索等内容；第五章为高校思想政治理论课实践教学方法的创新，主要阐述了高校思想政治理论课实践教学方法的发展历程、高校思想政治理论课实践教学方法的影响因素、高校思想政治理论课实践教学方法的创新探索等内容；第六章为高校思想政治理论课实践教学的实践考察，主要阐述了高校思想政治理论课实践教学的发生机理、高校思想政治理论课实践教学改革的典型做法、高校思想政治理论课实践教学改革取得的成效等内容；第七章为高校思想政治理论课实践教学有效性的提升，主要阐述了高校思想政治理论课实践教学应遵循的原则、高校思想政治理论课实践教学应处理好的几对关系、高校思想政治理论课实践教学有效性提升的路径等内容。

本书共约23万字，其中第一章至第二章、第五章约10万字，由大连理工城市学院孙苓撰写；第三章、第四章第一节第二节约5万字，由大连理工城市学院孙天罡撰写；第四章第三节、第六章至第七章约8万字，由大连理工城市学院金明兰撰写。为了确保研究内容的丰富性和多样性，笔者在写作过程中参考了大量理论与研究文献，在此向涉及的专家学者们表示衷心的感谢。

最后，限于笔者水平，本书难免存在一些不足，在此恳请同行专家和读者朋友批评指正！

# 目　录

# 第一章　绪　论

思想政治理论课（简称“思政课”）作为高校开展思想政治教育的主渠道和主阵地发挥着不可替代的作用，它是一门落实立德树人根本任务的关键课程。而实践教学作为其中非常重要的一部分，对思想政治理论课的育人效果产生着极为重要的影响。本章分为高校思想政治理论课实践教学的背景分析、高校思想政治理论课实践教学的概念界定、高校思想政治理论课实践教学的基本功能、高校思想政治理论课实践教学的重要意义四部分，主要内容包括高校思想政治理论课实践教学的内涵和特征、高校思想政治理论课实践教学的主要功能和重要意义等方面。

## 第一节　高校思想政治理论课实践教学的背景

### 一、加强实践教学是时代发展的客观要求

改革开放以来，特别是21世纪以来，我国的经济社会面貌发生了重大的变化，这些变化直接影响到当代大学生的思想政治状况，使其出现了一些新情况、新问题。比如，学习目标模糊化或功利化、缺乏奉献精神或历史使命感和责任感、组织观念不强等，这使得思想政治理论教育教学面临许多严峻挑战。

第一，部分大学生价值观被扭曲。目前，我国正处于改革的深水区和发展的关键时期。社会主义市场经济在促进我国经济社会发展的同时，也带来了经济成分的多元化和经济利益的多样化。在利益的驱动下，部分大学生的价值观发生了偏差。比如，由于承受着来自社会、家庭和学业等多方面的压力，一些大学生过多地考虑家庭或个人的生存和发展问题，却往往忽视了对国家或社会所承担的责任；由于过多地考虑个人的发展或前途，一些大学生的入党动机出现复杂化的趋势，并非出于对共产主义伟大理想和信念的追求；等等。换言之，在部分大学生的思想认识中，集体主义观念开始逐渐消退，个人主义倾向有所抬头。

第二，部分大学生道德观出现滑坡现象。当前，我国社会的某些领域和部分人出现了道德失范的现象，在高校和社会之间的联系越来越密切的情况下，这种现象对当代大学生产生了极其不利的影响，使得相当一部分大学生是非观念不强，传统道德观受到冲击，自由散漫、追求享乐等不良思想在滋长。同时，一部分家长对此并未觉察到或认识不清，还在一味地让孩子尽早地学会适应社会。这样，就使得大学生更易将社会中的不良道德价值观带到自己的学习和生活中，如拉帮结派、投机取巧等。这让他们逐渐远离刻苦学习、认真实践等学生应具有的内在品质。近年来，有些高校大学英语四、六级等不同考试中出现的舞弊率逐年提高，有些高校的大学生出现失常行为，这些大学生的道德滑坡现象令人担忧。

第三，现代信息技术的快速发展直接影响到当代大学生的思想状况。信息时代，人们的生活变得越发便利，但社会思想也变得越发复杂、难以管控。在社会主义市场经济发展过程中，人们的思想日益多元化，其中，也存在一些不良的社会思想。再加上国外各种社会思想（包括资本主义落后思想）的传入，我国的主流社会价值观在一定程度上受到冲击。同时，现代信息技术提供了人们之间交流的多种方式，如电子邮件、论坛、微博等，这就使得人们的思想更易受到国内外不良社会思想的影响。

在这种情况下，当代大学生作为思想活跃、主张个性与创新的一个群体，思想极易受到不良社会思想的影响。因此，思想政治理论课教学如何采取有效的教学方式以提高他们的思想政治素质、促进社会正能量的传播与负能量的缩减已成为亟待解决的一个重大课题。

面对这些新的挑战，高校思想政治理论课教学只有深入社会实践，进一步加大实践教学的力度，才能让当代大学生在亲身感受中解疑释惑、明辨是非，不断提高分析问题和解决问题的能力，使身心得到全面发展。因此，实践教学是高校思想政治理论课教学面对时代发展的客观要求做出的正确选择。

## 二、加强实践教学是贯彻党的教育方针的内在要求

党的十八大以来，以习近平同志为核心的党中央将思想政治理论课建设摆在突出位置，做出了一系列重大决策和部署。2014 年，在教育部工作要点中指出了“要切实加强和改进德育工作，深化中国特色社会主义和中国梦宣传教育，加强思想政治理论课建设，实施高校思想政治理论课建设体系创新计划、思想政治理论课教学方法改革项目择优推广计划等”。

2015 年中央宣传部、教育部关于印发《普通高校思想政治理论课建设体系

创新计划》的通知指出："实施高校思想政治理论课建设体系创新计划的基本原则是：坚持理论与实际相结合，注重发挥实践环节的育人功能，创新推动学生实践教学和教师实践研修。努力强化实践教学，建设与课堂教学相互促进的思想政治理论课第二课堂教学体系。"

2017 年 2 月，中共中央国务院印发了《关于加强和改进新形势下高校思想政治工作的意见》，明确要求高校思想政治工作须"坚持全员全过程全方位育人。把思想价值引领贯穿教育教学全过程和各环节，形成教书育人、科研育人、实践育人、管理育人、服务育人、文化育人、组织育人长效机制。"

2018 年 4 月 13 日，教育部印发了《新时代高校思想政治理论课教学工作基本要求》的通知，要求从本科思想政治理论课现有学分中划出 2 个学分，从专科思想政治理论课现有学分中划出 1 个学分，开展思想政治理论课实践教学。并在同一天下发了《新时代高校思想政治理论课教学工作基本要求》这一文件，明确了思想政治理论课的基本原则、教务要求、教学要求及管理要求。

此外，《中共中央、国务院关于进一步加强和改进大学生思想政治教育的意见》《关于进一步加强和改进高等学校思想政治理论课的意见》等文件都强调必须加强和改进高校思想政治理论课教学。

这些文件的印发充分体现了新时代国家无论是从实践教学的组织形式，还是制度化要求以及如何组织和保障等方面，都是十分重视思想政治理论课实践教学的，都给予了新的期待。为了贯彻落实好党和国家的实践教育方针，促进大学生成长成才，要切实开展形式灵活多样的思想政治理论课实践教学活动。

## 三、加强实践教学是培养新时代人才的必然要求

步入新的历史时期，科教兴国逐渐深入人心，教育强则国家强的发展理念成为世界各国的普遍共识。为了培养一批又一批符合当今时代社会发展要求的高素质人才，我国政府越来越重视教育事业的发展并不断加大在教育事业上的投入。习总书记曾经提出，"人才培养体系涉及学科体系、教学体系、教材体系、管理体系等，而贯通其中的是思想政治工作体系"。

随着我国步入中国特色社会主义新时期，社会的发展对高素质人才的培养提出了更高的要求。在这种新的历史背景下，我们需要培养一批思想品德素养高、学习实践能力强、创新意识浓厚的全面发展的高素质人才。

在人才培养的过程中，首先要做的不是对学生知识技能的培养，而是对学生正确的思想观念的引导和塑造。各个领域的优秀人才只有首先拥有了正确的思想

意识，树立了科学的世界观、人生观和价值观，才可能为人类社会的健康发展做出贡献。而高校思想政治理论课的根本目的就是为我国的社会主义事业培养一批知识技能强、思想作风端正的高素质人才。

同时，高校开设思想政治理论课不仅仅是为了帮助学生树立科学的世界观，掌握科学的方法论，其根本目的在于引导学生将理论融于实践，不断提升处理实际问题的能力。因此，高校思想政治理论课要通过实践教学的方式，如到小区里进行法律宣讲、开展辩论赛等，来培养学生的社会实践能力。总而言之，采用实践教学的方式对于培养学生养成良好的道德品质以及提高学生的社会实践能力具有极其重要的作用。

## 四、加强实践教学是思想政治理论课教学改革的战略性选择

思想政治理论课教学在理论和实践相结合的基础上，要坚持从实践做起。这就要求改变理论教学的原有模式，解决理论与实践相脱离的弊端，更好地坚持理论联系实际的原则。

第一，通过实践教学，进一步理解理论、认知理论、丰富理论，使社会实践成为直观的教学环节和逼真的教学情境。应把思想政治理论课教学的实践活动制度化、规范化，推进思想政治理论课教学内容、教学方法和教学手段的改革，逐步形成思想政治理论课教学新模式。

第二，教学要理论联系实际，这是思想政治理论课教学的根本方法。“一支粉笔，一张嘴，盯着教案念到底”的呆板教学模式势必会造成理论脱离实际。理论要解释现实生活中存在的问题，以证明理论的科学性，就必须通过实践。没有实践，就没有了理论要解释的对象，就没有了验证理论的标准，就没有了发展理论的动力。通过与社会现实的紧密联系，不仅可以增强课程的时代感、贴近感，提高学生对思想政治理论课的兴趣和认同，而且还可以提高师生理论研究的动力和能力，增强责任感。

## 五、加强实践教学是增强思想政治理论课实效性的必然选择

《中华人民共和国高等教育法》中明确指出：“高等教育的任务是培养具有创新精神和实践能力的高级专门人才，发展科学技术文化，促进社会主义现代化建设。”为此，高校的思想政治理论课教学必须要坚持理论与实践相结合的原则，才能为我国的社会主义建设培养出大批合格的建设者和接班人。

目前，在重视理论教学的基础上，高校还必须重视实践教学，以增强思想政治理论课教学的实效性。一般来说，在传统的高校思想政治理论课教学中，单纯

的理论教学受到高度重视，与之相应的，实践教学则处于不被重视的状态。这表现在教学中以课堂、教材、教师为中心，以理论说教和灌输为主；轻视实践教学环节，造成教学内容不仅脱离社会实际，而且还脱离了学生自身实际。

一方面，教学内容脱离社会实际使得其缺乏较强的时代感，缺乏生动鲜活的教学案例，仅仅围绕一些陈旧的案例过多地去讲解抽象的理论，造成思想政治理论课教学的感染力与说服力较差；另一方面，教学内容脱离学生实际使得学生对该课程的学习缺乏积极性和主动性，只是被动地接受知识，有时甚至会产生抵触的情绪，致使思想政治理论课教学对学生缺乏吸引力。从提高教学的实效性上来讲，实践教学是思想政治理论课教学中十分重要的教学环节。

加强实践教学，有助于帮助当代大学生在理论与实践结合的过程中理解理论、提高能力。比如，带领学生参加社会改革实践，让学生到改革开放前沿和经济发展成效较为显著的地方参观学习，可以使其目睹改革开放政策给我国带来的巨大变化以及所取得的辉煌成就，加深对党的理论、路线、方针、政策的理解；通过演讲赛、辩论赛等活动，可以使学生明辨是非、进行自我教育，提高其分析、解决问题的能力；组织学生参观历史博物馆、纪念馆、烈士陵园等，或让其亲耳聆听老一辈人经历的讲述，可以激起学生思想上的共鸣，使其自觉树立起正确的世界观、人生观和价值观。以上这些，都是单纯的理论教学无可比拟的。因为实践教学既照顾到现实社会的发展状况，又照顾到学生自身发展的实际，可以让学生在亲身实践过程中，自觉地接受实践的锻炼，在实践中答疑解惑，从而能够充分调动学生学习思想政治理论课的积极性、主动性，实现所学书本知识的内化与创新，提升自己的精神境界，增强教学的实效性。

总之，时代的快速发展为高校思想政治理论课实践教学提供了客观要求；而目前的思想政治理论课教学效果不理想，不断增强其实效性又为高校思想政治理论课实践教学提出了内在要求。因此，上述五方面的内容共同构成了思想政治理论课实践教学的现实背景。

## 第二节　高校思想政治理论课实践教学的概念界定

### 一、思想政治理论课实践教学的内涵

研究学界目前对思想政治理论课实践教学的内涵界定有不同的观点，既有广义和狭义的实践教学，也有从教学功能的视角去界定做实践教学。

广义实践教学的基本观点是，思想政治理论课实践教学是与理论教学相对的一种教学方式，既包括课堂之外的实践类教学，也包括课堂上除理论教学之外的实践类教学方式。

清华大学艾四林教授倾向于广义实践教学的界定，指出思想政治理论课实践教学是着眼于学生的亲身体验，以思想政治教育的教学目的为导向的实践活动。它既有提高业务能力而开展的教学实践，也包括以了解社会和国情、提高全面素质为宗旨的社会实践。

湖南大学柳礼泉教授重在强调实践教学的学生参与性，至于形式他则认为可以“不拘一格”，既可以是阅读实践、案例教学，也可以是校园文化、基地教育和研究实践等，这也是一种广义上的实践教学。

西南大学教授黄蓉生等突出强调了实践教学的实践性和课程性特点，认为课堂中也可以有实践教学，在分布上实践教学具有广延性。可以看出，广义上的思想政治理论课实践教学一方面以实现思想政治理论课教学目标为导向，重在强调与理论教学的互补；另一方面重在强调开展形式的广泛性和多样性。

狭义的实践教学较之于广义来讲着重强调发生的场所与空间在课外，认为思想政治理论课课堂中开展的影片观看、经典阅读、辩论演讲以及案例教学等不属于实践教学的范围。张森年教授赞同这一观点，认为实践教学是相对于课堂教学的一种形式，是运用课堂教学之外的其他教学手段和方法，学生参与、教师指导的教学形式，而课堂内学生自我展示、讨论等形式则不属于思想政治理论课实践教学范围之内。高维钫认为，思想政治理论课实践教学应走出课堂，到鲜活的社会实践中去，强调学生直接参与的感性活动。狭义的实践教学突出体现了思想政治理论课实践教学的活动性特点，对思想政治理论课实践教学开展的情境和场所提出了要求。

基于对思想政治理论课实践教学广义和狭义的分歧，有学者提出要从“功能论”的视角来界定思想政治理论课实践教学，即不再去重点强调实践教学的开展形式和场所，而是关注其教学功能的实现，突出其价值导向性。

北京师范大学杨增岽指出，应该将思想政治理论课实践教学纳入完整的教学过程，使其具有自身鲜明的价值导向性，而非单纯地强调某一方面专业技术能力的直接实训与锻炼。

刘文认为，思想政治理论课实践教学是一种基于实践的教学理念和活动，其目标是使学生对中国特色社会主义理论做到知行统一。他将思想政治理论课实践教学的形式界定为能够实现教学目标，学生广泛参与的一切教学方式，既可以在课堂上进行，也可以在课堂外进行，但必须与教学内容有关。这一观点更加突出了实践教学的目标导向性，明确了思想政治理论课实践教学的导向性和课程性特点。

综上所述，当前学界对思想政治理论课实践教学的界定既有共识，也有尚待研究的空间。中国人民大学靳诺教授在全国高校思想政治理论课实践教学研讨会上的讲话中就提出，要厘清课堂教学与实践教学的联系与区别在哪里这一关键问题。可以肯定的是，思想政治理论课实践教学是一种与理论教学相对的教学理念和教学方式，以思想政治理论课教学总目标为导向，立足思想政治理论课课程教学内容，强调学生的参与性和体验性。但是思想政治理论课实践教学的外延还存在一定的分歧，需要与理论教学、一般专业课实践教学、大学生社会实践活动等加以辨别，下面将对此进行具体介绍。

## 二、高校思想政治理论课实践教学的相关概念

### （一）思想政治理论课实践教学与理论教学

实践教学与理论教学作为高校思想政治理论课教学体系的重要组成部分，二者之间既有区别又有联系，是对立统一的关系。把握好二者的辩证关系有利于增强高校思想政治理论课教育效果以及教学的实效性。

实践教学与理论教学是两种不同的教学，他们之间的区别可以从授课内容的不同、授课方式的不同以及对大学生的要求不同这三方面来看待。

其一是授课内容的不同。高校思想政治理论课理论教学是各门课程的授课教师根据教学大纲的要求，通过课堂理论讲授马克思主义基本原理或中国化的马克思主义或思想道德修养与法律基础等理论内容，对大学生进行科学的世界观、人生观以及价值观等方面的教育。而实践教学，无论是课程实践教学、校园实践教学、社会实践教学还是虚拟实践教学，其主要目的都是引导大学生理论联系实际，从而加深对课堂理论知识的理解，增强学生的社会责任感，促使学生养成良好的思想品德，进一步锻炼和提高学生分析问题和解决问题的能力。

其二是授课方式的不同。理论教学以教师课堂讲授为主。一方面，大学生受年龄和阅历所局限，他们对于马克思主义基本理论的理解比较肤浅，甚至有些同学根本就不理解，这就需要教师通过课堂讲授来较为深入地讲解给学生听，从而帮助学生理解和掌握较为系统的马克思主义理论。另一方面，大学生正确的世界观、人生观以及价值观不是自发形成的，它需要正确的、系统的理论灌输。

其三是对大学生的要求不同。理论教学要求大学生通过教师的课堂讲授，做到较为系统地掌握马克思主义基本理论知识，逐步了解并正确认识我国的国情、党情以及民情，其为大学生树立科学的世界观、人生观以及价值观奠定了一定的理论基础。而实践教学作为一项教育教学活动，它要求学生通过这一活动，对以往的理论问题从理论和实践的结合上进行深入的思考，以撰写心得体会、观后感受以及调查报告等方式呈现。这不仅使大学生理论联系实际的能力得以增强，加深了对理论知识的理解以及掌握程度，而且也锻炼了大学生的人际交往能力、独立思考能力以及组织能力等各方面的能力。

实践教学和理论教学间又是相互联系的，二者相辅相成、相互促进。理论教学是实践教学的必要准备，实践教学的开展需要理论教学的成果来指导。反过来，实践教学能够巩固理论教学的成果，成为理论教学的依托。实践教学和理论教学之间的联系具体可以从教学目的、教学方式以及教学内容这三个方面来理解。

其一是二者在教学目的方面的联系。可以说，二者有着一致的教学目的，它们都是为了提高大学生的马克思主义理论素养，帮助大学生树立科学的世界观、人生观和价值观，提高大学生认识问题、分析问题以及解决问题的能力等。

其二是二者的教学方式是相互依存、互为存在的前提。一方面，理论教学必须依托于实践教学，搞好实践教学，有利于增强教学的实效性；另一方面，实践教学依赖于理论教学，实践教学系列活动的开展需要以理论教学为指导。

其三是二者在教学内容上是相互渗透、相互作用以及相互促进的。从理论教学来看，理论教学中渗透着大量的实践教学成果。在理论教学过程中，教师为了更好地讲授理论知识，论证理论的正确性，会应用实践教学的成果来使理论教学更具吸引力、说服力和针对性。而从实践教学的角度看，其中也渗透着理论教学的成果。理论教学过程中出现的疑点、难点、重点等问题需要通过实践教学活动来解决或佐证。

### （二）思想政治理论课实践教学和其他专业课实践教学

一般的专业课实践教学建立在学生体验和动手的基础上，通过特定的专业实践、实训，培养出符合各专业培养目标要求的、符合社会需要的高技能应用型人才，侧重于培养学生“如何做事”。思想政治理论课实践教学则具有鲜明的思想性和意识形态性，在增进学生对所学理论的理解和对社会现实问题的认识的基础上，启发他们对自己应承担什么样的社会责任、应肩负什么样的历史使命进行理性思考。也就是说，思想政治理论课实践教学侧重培养学生“如何做人”。

同时，二者也是紧密联系、相辅相成的。思想政治教育目标的实现只有与专业课实践教学培养学生技能的过程相结合才能落到实处。专业课实践教学目标的实现同样也要依靠思想政治教育的正确引导，否则就不可能使学生成为社会需要的合格人才。

思想政治理论课实践教学为人才培养进行思想导航、指明正确的培养目标和方向，专业课实践教学则是培养人才的具体技能；思想政治教育贯穿于专业人才培养的全过程，专业课实践教学则以特定的专业人才培养作为思想政治教育的具体展示和物质基础。

### （三）思想政治理论课实践教学和一般的社会实践活动

与一般的社会实践活动相比，尽管思想政治理论课实践教学具有一般社会实践活动的某些特征和形式，但在本质上不同于一般的社会实践活动。就内涵而言，一般的社会实践活动是主体通过中介系统改造客观世界、实现客体价值的客观物质活动，而思想政治理论课实践教学活动则是旨在改造主观世界和优化主体能力的现实性活动；就活动目的而言，一般的社会实践活动以对客观世界或特定客体的改造为目的，而思想政治理论课实践教学活动则以培育和优化主体的能力为目的。

由此看来，思想政治理论课实践教学活动与一般的社会实践活动有着确定的界限，不能把两者混同起来。但又要看到两者有共同性，即思想政治理论课实践教学活动具有一般的社会实践活动的某些特点。比如，无论何种实践教学活动都有其作用的客体要素，如果不与作为客体要素的社会实际生活形成相互作用的关系，即如果离开客体，没有主体以一定的方式对客体的影响和作用，就不能称之为实践教学活动，就不能从严格的意义上把实践教学与课堂教学区分开来。

思想政治理论课实践教学是一种既与课堂教学、一般的社会实践活动相区别，又与课堂教学、一般的社会实践活动相联系的教育教学活动。说到底，它本质上仍然是一种教育教学活动，只不过是一种具有实践活动的某些特点和形式的教育教学活动。

## 三、高校思想政治理论课实践教学的显著特征

### （一）科学性

高校思想政治理论课实践教学发展离不开思想政治理论课这一本体，其具有

的特点之一就是科学性，具体表现在课程教学内容的科学、教学方式方法的科学及教师队伍的科学三个方面。

就教学内容看，思想政治理论课这门课程所传授的内容，包括马克思主义基本原理以及马克思主义中国化理论成果等。根据这门课程所包含的内容，我们不难看出该课程所具备的科学性。因为这些内容是经过实践证明了的，符合社会历史发展、思想政治理论课教育教学、个人身心发展这三大规律的真理，是科学的、可靠的。同时，其也是符合社会主流价值、符合我国发展实际的。纵然实践教学同理论教学存在一定的差异，但两者内在根本性的东西是相同的。因此，高校思想政治理论课实践教学的内容也是具备科学性的。

就教学方式方法看，高校思想政治理论课实践教学讲究的是理论与实际相结合，抛弃“假大空”“灌输式”的教学方法，采用“启发式”“研究式”的教学方法，灵活地根据不同教学内容、不同学生、不同教学硬件设施等随机应变地选择合适的教学方法。比如，在课堂上，可以采用偏趣味性的方法，极大地调动学生学习的兴趣；而在校外，又可以采用偏活动性的方法，让学生充分参与其中，感受学习的乐趣等。总而言之，就是教学方式方法选用要因地制宜，使学生能更高效率地融入实践教学，从而提高思想政治理论课实践教学的成效。

就教师队伍看，思想政治理论课实践教学教师队伍应是由“合理的年龄结构、学历结构、学缘结构构成的队伍”。年龄结构上，由老中青教师各占一定比例组成，既可以保证课程政治方向的正确，又可以保持队伍的创新活力；学历结构上，应不过分追求高学历，更注重结构合理以及教师将理论与实际相结合的能力，注重教师扎实的理论基础和较强的实践教学指导能力；学缘结构上，应由教学风格各异、各有所长的教师构成，以便能够更好地指导开展不同的实践教学活动。

### （二）实用性

研究高校思想政治理论课实践教学的目的之一，就是要通过研究，将所得研究成果最大效率地运用于当前高校思想政治理论课实践教学的发展改革中，这就要求其具有实用性的特点。实用，简单来说，就是符合实际且可利用、可操作。高校思想政治理论课实践教学发展不是泛泛而谈，也不是将其搁置于一个“只可远观”的位置，而是整个发展过程是符合实际、可操作且具有实用性的。各高校由于各种外在、内在因素的影响，虽然不能完全采纳同一种高校思想政治理论课实践教学的研究成果，但可以从一般的研究结论中得到一些启示及发现一些可取之处。这在一定程度上，就体现了高校思想政治理论课实践教学的实用性特点，体现了其所具有的现实价值。

### （三）时代性

时代性，是高校思想政治理论课实践教学所具有的特点之一。时代性，最简单地说就是要体现一个时代的特征，符合时代的要求。思想政治理论课实践教学的内容、方法等都不是一成不变的，而是随着时代的发展有所创新、有所发展的。思想政治理论课讲授内容之一就是马克思主义中国化理论成果，其正是在一代又一代党的领导人的带领下，经过全国各族人民的奋斗，将马克思主义基本原理同中国不同时期的具体实际进行了有机结合形成的。毛泽东思想、邓小平理论、“三个代表”重要思想、科学发展观、习近平新时代中国特色社会主义思想等宝贵的马克思主义中国化思想结晶,为中国特色社会主义建设提供了强有力的指导思想，为思想政治理论课教学提供了丰富的符合时代特征的教学内容。

思想政治理论课作为一门公共课，其教学面对的是全体在校大学生，不同的学生有不同的性格和学习方式，因此开展思想政治理论课实践教学就得要根据不同的学生采用不同的教学方法，并根据当下实际，不断更新。网络大数据时代的到来，既为高校思想政治理论课实践教学发展带来了机遇，又带来了挑战。

机遇在于，思想政治理论课实践教学不再是以往传统的“老三样”——课堂、校内、校外教学，现在还增加了网络教学这一渠道。教师们可以借助网络平台和多媒体设备，丰富、创新实践教学活动形式，使学生参与实践教学的兴趣更加浓厚、空间更为广阔。但我们需要看到的是，在利用网络的便捷的同时，需要勇敢地面对各种出现的技术问题和良莠不齐信息的冲击等挑战。

根据以上内容，我们可以看出，无论是思想政治理论课的实践教学内容，还是实践教学方式方法，它们都体现着当下时代的特征，并且都随着时代的发展变化而进行不断的创新。因此，开展高校思想政治理论课实践教学理应体现其所具有的时代性。

### （四）实践性

思想政治理论课实践教学以突出大学生的主体实践活动为主要形式，通过提供和创造各种条件引导大学生参加社会实践、参与社会生活，让大学生在参与丰富多样的实践活动中了解社会实际生活，获得亲身感受和直接经验，增强进一步学习思想政治理论课的兴趣，提高对社会生活各方面的认识能力，坚定社会主义的信念。因此，实践性是思想政治理论课实践教学的首要基本特征。即思想政治理论课实践教学的实践性，在于学生作为主体对社会实际生活的直接感受性和参与性，不具备这一特征就不能称为实践教学活动。

### （五）课程性

课程性是实践教学区别于其他实践活动的一个显著特征。它是一种课程意义上的实践教学过程，与课程的理论教学相呼应，具有一定的课程结构、相应的实施规范和考核办法，集中体现出实践教学服务于课堂教学的教育教学本质。这个特征规定了思想政治理论课实践教学活动的指向性和目的性，是思想政治理论课实践教学活动开展的基本前提。只有让学生通过课堂的理论教学，具备一定的思想政治理论知识后，才能组织学生有针对性地开展思想政治理论课实践教学活动，才能使思想政治理论课的理论教学内容在实践活动中得以应用和证实，从而达到实践教学预期的目的。

### （六）社会性

社会性同样是实践教学的一个重要特征。首先，实践教学的场所或环境是社会，它的定位是课堂外开展的教学活动，是与课堂理论教学相对应的教学环节。它通过真实的社会生活场景、环境，让学生作为社会生活的直接参与者，在社会生活中自主地发现问题、认识问题、寻求问题解决的方法方案，并通过分析具体问题独立地做出判断和决策，从而提升运用所学理论解决实际问题的能力。其次，由于实践教学开展于社会生活之中，学生通过实践教学活动直接感受社会生活，因此，学生的实践教学既是接受教育的过程，也是实现社会化的过程。

### （七）综合性

思想政治理论课实践教学的综合性主要表现在两个方面：其一，实践教学活动虽然直接接触的客体有限，是社会生活的某个领域或方面，但涉及的内容或问题具有综合性，既有经济和政治方面的，又有文化和思想方面的；其二，思想政治理论课实践教学在目的性上关注的是大学生兴趣、态度、知识、方法、能力和价值理念等方面的综合发展，而不是学生作为主体某种能力或技能的提高。

### （八）开放性

首先，思想政治理论课实践教学的开放性在于活动环境的开放性，即社会实际生活作为实践教学的客体性要素是流动的和动态的，没有固定不变的边界。其次，思想政治理论课实践教学在于引导大学生走入社会生活，不会给大学生定过多的条条框框，也没有严格的操作程序限制，具有极大的灵活性和多样性。大学生可以从不同的方面来分析和解决在实际生活中遇到的问题，还可以用多种方式、形式来完成活动过程并表达活动结果，因而在内容和形式、过程和结果上都具有开放性。

### （九）自主性

思想政治理论课实践教学是一种充分体现学生主体地位的教学活动形式。应该说，充分尊重学生的主体性是实践教学的根本。在思想政治理论课的实践教学中，学生是真正的主体，教学离不开学生积极主动的参与。因此，在实践教学中，要充分重视大学生自我教育的主体地位以及自我调控的能动地位。

应给大学生充分的自由让其自主选择、自主参与和自主调节。思想政治理论课教师可以只对大学生进行必要的指导，为大学生提供开放的条件和个性发展的空间，使其主动性和能动性得到较充分的发挥。

### （十）多样性

思想政治理论课实践教学在形式上是多种多样的，既有体验式的实践教学，如组织学生进行社会考察、调研、参观、访问等活动，又有参与式的实践教学，如组织学生开展社会服务、“三下乡”和“志愿者”活动等，还有综合式的实践教学，即以上两种形式实践教学的特点兼而有之。思想政治理论课教师作为实践教学活动的组织者和指导者，应该根据思想政治理论课的教学内容来设计实践教学的内容和形式。

## 四、高校思想政治理论课实践教学的具体形式

### （一）思想政治理论课课程实践教学

一般来说，可以将课程实践教学看作一种以课堂为实践场地所建立的一门课程。在该课程的教学过程中，教师主要起引导作用，以确保学生能够得到必要的知识。它在教学过程中更加突出实践性，强调学生们主动参与到教学实践中，促使教育教学更加贴近生活、贴近实际。

对于各高校而言，为了促进自身思想政治理论课实践教学活动的顺利进行，必须提高对课程实践教学的重视程度。

目前，我国高校所采用的课堂教学往往涵盖了包括情境教学以及案例教学在内的多种模式。其具有诸多优势：首先，它是对理论内容的延伸，能够促进学生对教学内容产生更深层次的认识；其次，它能够更加直观地反映学生的意识，效

率更高；最后，它更为便捷且不需要花费大量的资金，无论是在师资、设备还是经济等方面均仅需较低的成本。

### （二）思想政治理论课校园文化实践教学

有学者主张将这一实践教学活动视作思想政治理论课实践教学体系中的关键所在。因为，此类活动通过将课堂中的教学延伸至实践中，有助于提高学生的团队合作意识，促使其朝着社会化方向发展。在实践过程中，学生可以利用课余时间在校园中进行相关活动。

校园文化实践教学具有有限化、生活化、校园化以及趣缘化等特点。一方面，它是对理论课程的查漏补缺；另一方面，它还能够促进学生养成良好的行为习惯以及思想作风，建立合作互助、沟通协作等理念，为其日后进行社会活动奠定基础。综上，对于校园文化建设而言，校园文化实践教学核心为理想信念教育，基础为基本道德规范，最终目标为在整体水平上提高学生的专业素养，建立良好的行为规范。

### （三）思想政治理论课社会实践教学

社会实践教学主要涵盖了社会调查、志愿服务以及参观访问等多种形式，具有自主性、实践性以及创造性等特点。在教学过程中，高校以自身培养模式为出发点，将学生投入社会，使其直面当前社会上存在的一系列问题，可以切实做到将教学与实践相融合，提高学生参与的积极性。

### （四）思想政治理论课虚拟实践教学

与传统实践教学活动不同，思想政治理论课虚拟实践教学是时代发展的衍生物。在其实际教学过程中，教师一般以网络为媒介，并使用多种虚拟技术手段进行场景的模拟，从而使学生群体能够通过自主学习以及交流合作等方式进行社会实践。以功能作用为出发点对网络进行分析，可以将其看作新兴科技、信息传播的重要媒介，除此之外，其在当前实践教学过程中也被广泛使用。

虚拟实践教学主要包括主题博客、网上论坛、网络课堂教学平台等内容。其在新媒体高速发展的背景下形成，对传统实践教学进行补充，用以形成立体化、多样化的教育模式。通过虚拟教学，复杂多变的网络环境替代了原有的现实场景，这既跟上了时代的发展潮流，又能贴合学生实际需求，极大上提升了思想政治理论课教育教学的效果。

# 第三节　高校思想政治理论课实践教学的基本功能

## 一、导向功能

高校思想政治理论课承担着对大学生进行系统的马克思主义理论教育的任务。实践教学作为思想政治理论课程教学中的重要环节，以其教学活动的开展、教学过程的进行、教学方法的实施、教学手段的运用配合着理论教学，共同完成用马克思主义理论成果武装当代大学生的重要使命。马克思主义认为，理论源于实践，又必须在实践中得以检验。实践教学正是要通过揭示课程体系所反映和提炼的马克思主义理论与实践的关系，深入挖掘课程内容所阐述和概括的马克思主义理论中蕴含的实践精神，以及马克思主义理论体系指导中国特色社会主义建设过程中发挥的作用，从而引导学生在丰富的实践活动中了解马克思主义的发展历程，把握马克思主义在当代中国发展的最新成果，学会运用马克思主义最新的理论成果来分析和解答现实问题。在思想政治理论课建设中，通过实践教学能够有效地促进马克思主义理论体系向思想政治理论课程体系科学转化，推动课程体系全面合理地转化为教学体系，从而提升教学体系转化为大学生的思想政治素质和综合素质的能力。

从受教育者学习马克思主义理论的情况来看，思想政治理论课是一门理论性较强的学科课程，但也有其特殊性，它的特殊性体现在有着重要的实践指导意义。思想政治理论课实践教学是思想政治理论课程的实践形态体现，正契合了思想政治理论课程的宗旨——既要求受教育者系统地掌握马克思主义理论体系，建构起理论知识框架，又要求受教育者将课程内容内化为价值信仰，能够在实际生活中自觉遵守且践行内心的崇高信仰。所以，引领受教育者参与中国共产党人领导和推进的社会实践，感悟课程内容中所反映和概括的实践精神，是实践教学的真正宗旨。

从马克思主义科学理论体系的角度出发，思想政治理论课是马克思主义者对自然界、人类社会以及思维活动客观发展规律研究成果的系统性集成，也是马克思主义者基于社会实践经验提炼的理论总结。思想政治理论课程实践教学过程，正是要求受教育者把握思想政治理论课程内容和与之相关实践活动的内在统一性关系，从而通过教学内容的观念形态反映相关社会实践活动，包括物质生产劳动、社会关系活动，以及科学实验的指导理念、实际过程及成果。

实践教学能够引导受教育者体悟课程知识所内蕴的实践活动的精神实质，以实践为师，受教育者可以在直观、形象、生动的亲身体验中感悟马克思主义的深度魅力，在参与社会实践中透过纷繁复杂的客观现象认识其内在规律和本质，增强是非善恶与美丑的辨别能力。

## 二、整合功能

现阶段国内高等院校在高校学生展开思想政治课程教育的渠道方面虽然丰富，教学活动虽然形式多样，教学影响虽然十分健全，然而整体而言，这类丰富化实践教学内容之中包含的教学元素不过是一种混乱的、零散的、没有整体性意识的荒芜的形态。探索其深层次的因素，就是这类丰富多元的思想政治课程因素并未受到专业化思想政治教学工作者有目的的、合理的、系统的开发利用，最终使得高校思想政治教育所要传达的思想政治教育因素处于一种自然生长的状态，并未形成可供学界参考的教育性经验。然而思想政治理论课实践教学恰恰弥补了理论教学过程中这一零散的、难以整合的缺陷，在实践教学过程中对思想政治教育因素开展体系化、综合化与理论化的应用，继而强化了思想政治课程的整合功能，使得零散的未成系统的教育观点在教学实践中不断得到提升。

## 三、发展功能

思想政治理论课实践教学的个体发展功能主要指实践教学在塑造人的品德、促进人的发展方面所起的积极作用。马克思、恩格斯十分重视人的发展，他们在对于未来美好社会的建构中，把每个人的自由全面发展作为未来社会发展的重要指标。

思想政治理论课作为思想政治教育的主要渠道，应当通过实践教学环节，组织大学生积极地参与现实生活，提升大学生的认知能力，引导他们树立崇高的理想信念，养成良好的行为规范，在实践教育中成长成才。在思想政治理论课程教学过程中，大学生通过实践体验，更能激发学习的积极性，自觉主动地认识国家的前途和命运，了解社会发展的规律，认识担负于肩的责任和使命；大学生通过参与并感悟中国特色社会主义建设实践，更能把握时代的脉搏，从社会的发展进步历程中汲取营养，以艰苦奋斗的作风、改革的精神投入到社会主义建设实践中；大学生通过实践活动的多次开展，更能真正地把理论知识运用于生活实践，切实锻炼人际交往能力、应变创新能力、组织管理能力和心理承受能力，将行为准则融入现实生活中，完成从思想认知到行为践履的转化，实现知行统一。大学生通过实践活动实现与社会的互动，有利于完成社会角色的转变，提升自己的实际工作能力，为将来择业就业和创新创业奠定基础，实现自身的个体价值和社会价值的双向提升，顺利完成社会化的过程。

社会化贯穿于人整个生命历程中，是每一个人必须面对、经历的。受教育者社会化的成功与否，直接关系到他们的成长与发展，甚至关系到他们一生的命运。受教育者思想品德素质发展就是选择与接收社会价值并将之内化为思想意识外化为行为的过程，这一过程贯穿于他们的一生，按照马克思的观点，实践是促使人完成社会化过程的必然途径。

## 四、升华功能

德育学者鲁洁认为，通过德育形成了个体一定的思想道德素质。他指出："这种功能可使每个个体达成某种需求与愿望（通常是精神层面的需求与愿望），在这过程中感受到幸福、愉悦以及满足，获取精神方面的升华。"此种融合在个体身体之中的思想品性，不仅具备其工具化的价值，其让个体和其他个体、群体还有整个社会所形成的各类关系都可以得到协调性整体性的发展，其为合理化人际交流、和谐化社会形态奠定了必备的基础，从而让社会需求获得了一定程度上的满足。群体与其他个体发展的需求也获得了更深层次的满足。同时，此种个体化思想品性也具备一种本体化的自我升华价值。这种升华功能在实践教学中通过发展和完善学生的思想道德素质，满足了学生深层次的精神需要，使学生获得精神的愉悦和灵魂的升华。

## 五、享用功能

思想政治理论课实践教学的个体精神享用功能是客观存在的，它根植于思想政治教育的本质中，是思想政治教育的必然效应。马克思在《青年在选择职业时的思考》中提出，"那些为大多数人带来幸福的人，经验赞扬他们为最幸福的人"。实践教学能够在受教育者主动参与实践的过程中发展和完善他们的思想和行为，提升个体思想道德品质，满足受教育者的精神需求。一个人良好的思想道德素质表现为对现实世界的把握能力，即从内在尺度——人的是非善恶观念上把握现实世界。同时，一个人良好的思想道德素质还表现为不断"向善"的要求，即价值体系的构建上。主体人的向善实践是受教育者良好的思想道德素养外化、对象化的活动，在活动过程中，人可以通过自己的努力创造出一个更为美好、更为和谐、更具德性的外部世界，从这个外部世界中，主体人会获得强烈的幸福感。

马克思主义人学理论告诉我们，人的精神活动能力的多方面发展包括主体人创造精神财富的能力，同时也包括人对已有社会的精神产品和精神财富的享受能力。受教育者要在实践教学中获得精神层面的愉悦和享受，首先需要具有感知和体验的能力，具有经受教育培训而发展完善的道德心灵，从而对于实践中所获取的善、美和真等价值观念具有甄别和感受力，体验现实生活中的一切美好。因此，只有基于每一个受教育者个体不断发展和完善的德性，才能使他们认知并享受现实生活中的一切美好事物。在操作层面，实践教学可以提升思想政治理论课教育教学的文化价值。实践活动中教育者通过挖掘高校思想政治理论课的文化内容，用人类创造的优秀文化成果丰富教学内容；通过思想政治理论课的理论功底、文化品位以及精神境界的提升，用言传身教的方式教育学生；还可以将文化因素寓于多元化教育教学方法中，通过启发式、参与式、情感激励式等教学方法提高学生的人文素养。实践教学活动中教育者带领受教育者创建良好的校园景观，将人文内涵注入校园自然风景，努力使校园的每一处景观都体现审美价值与教育价值的统一，可以使大学生在潜移默化中受到人文气息的熏陶与感染，增强他们对校园文化环境的认同感。教育者还可以营造健康向上的校园精神文化氛围。以大学生第二课堂活动为载体，通过开展各类社会实践、科技创新的活动育人，积极营造校园浓郁的文化氛围，丰富大学生精神世界；通过校风、学风的建设引导大学生形成正确的世界观、人生观及价值观，将社会主义核心价值体系融入校园精神文化。将思想政治教育置于多元文化视域下进行考察，以文化作为重要的途径和载体，可以实现提升思想政治教育的有效性与构建文化的先进性的双重目标。

在实践育德层面上，思想政治教育者需要注重优秀传统文化在实践教学的经典引导功能。其一，我国优秀的传统文化中有博大精深的伦理道德资源，蕴含着深刻的修身处事道理，引导大学生阅读经典著作，通过开展“读书活动月”“我读经典”等实践活动，培养大学生良好的人格品性，可以切实达到德才兼备的成长成才目标。其二，营造和谐的特色校园文化，营造丰富的校园仪式文化，把校园的重大庆典活动、纪念性会议等纳入实践教学，提炼蕴含于这些活动中的深刻文化价值，使学生无形中接受感染和教育；创设校园的节日文化，强调主旋律意识，将思想政治理论课实践教学融入学生喜闻乐见的节目中，达到“润物细无声”的教育效果。其三，我们应当注重对社会多元文化中的焦点与学生的关注点加以引导宣传，针对社会热议及引发学生广泛关注的事件，思想政治教育工作者应抓住教育时机，及时组织大学生展开讨论和思考，适时通过重大的社会热点事件、突发性事件教育大学生。通过这些途径，可以使受教育在实践体验中整个身心处于自我超越的境界，从中获得一种幸福的终极体验。

## 第四节 高校思想政治理论课实践教学的重要意义

### 一、有利于提高大学生的综合素质

首先，高校思想政治理论课实践教学能贴近社会、贴近生活，引导学生将书本理论知识运用于实际、解决实际问题，引导学生积极关注和思考我国近、当代社会问题以及与自身利益密切相关的热点话题。学生通过自身的实践调查与研究，会形成对社会和自身的全面的、客观的、科学的认识。

其次，实践是认识的来源，高校思想政治理论课实践教学拓宽了学生获得知识的途径，使得大学生在获得知识的同时能够通过实践检验知识的正确性，有利于大学生更好更快地理解、认同和接受科学理论知识，并在实践的过程中思考自身的价值，从而树立正确的世界观、人生观和价值观，形成科学的逻辑思维方式。

最后，高校思想政治理论课实践教学由于具有“教学内容的直观性、学生参与的自主性、实施途径的多元性”等特点，因而有利于逆转学生对思想政治理论课程的厌学情绪和逆反心理，提高学生学习思想政治理论课程的积极性，培养学生透过社会现象看本质的能力，培养学生严谨的学术精神、独立思考和团队合作精神，提高学生创新思维、口头交流以及写作能力，进而强化学生的综合素质。

### 二、有利于增强思想政治理论课教学的吸引力

高校思想政治理论课实践教学方式是让学生近距离地接触和亲身体验，教学内容是具体生动的事实和丰富多彩的资料等，学生不再只是理论的消极被动的接受者，而是教学的主动参与者和实施者，这就改变了理论教学以教师的教为主、学生被动学习的状态。实践教学注重提高学生学习的自觉性和主动性，较好地实现了教师和学生之间的互动，从而推动了以学生为中心的教学新模式的构建。并且，教师和学生通过参加实践活动，彼此之间相互交流、充分表达，可以使学生在实践教学过程中获得轻松感、愉悦感和兴趣感。由此便可以断定，实践教学环节有利于增强思想政治理论课教学的吸引力。

## 三、有利于推动马克思主义大众化

高校思想政治理论课是大力推进马克思主义大众化的重要载体，高校坚持理论与实践相结合的原则，积极开展思想政治理论课实践教学，便能推动当代中国马克思主义大众化的进程。大学生的价值观念具有一定的可塑性，并且学生往往有着强烈的求知欲望；与此同时，由于主客观因素的共同影响，大学生的政治信仰、价值取向和理想信念等方面面临众多的选择和考验，难免有时会感到迷茫和困惑。高校思想政治理论课实践教学能在很大程度上提高广大大学生学习马克思主义理论的兴趣。历史证明，马克思主义在中国，最早就是由青年在青年群体中进行传播的。而思想政治理论课实践教学，有助于夯实青年学生的马克思主义理论功底，提高其马克思主义理论素养，使他们成为推动当代中国马克思主义大众化的生力军，从而为推动当代中国马克思主义大众化奠定最为广泛的群众基础。

## 四、有利于调动学生的主动性和积极性

长期以来，思想政治理论课教学中存在诸多问题。从教师的教学方法和教学手段来看，普遍以一支粉笔、一块黑板的注入式教学为主要形式，形式单一，缺乏生动性和吸引力；从教材内容来看，没有较强的时代感，抽象的理论多，生动实例的讲解少，且实例大多陈旧，缺少结合学生所学的专业而举的例子。存在的这些问题必然会降低学生对思想政治理论课学习的兴趣，而兴趣是一种积极探究某种事物或从事某种活动的意识倾向，是引起和维持人的注意力的一个重要内部因素。

因此，必须下大功夫培养和调动学生对思想政治理论课学习的兴趣。兴趣培养起来了，则会事半功倍。而实践教学恰恰由于形式多样、方法灵活、效果直观、感染力强、针对性和实效性强的特点，可以大大提高学生学习思想政治理论课的主动性和积极性。

## 五、有利于引导学生正确认识自身需要

思想政治理论课的教学效果如何，往往取决于教学对象是否接受所学的内容；而教学对象是否接受所学内容又取决于这些内容是否能满足他们的需要。过去，我们对思想政治理论课的教学需要更多的是站在党和国家以及社会需要的角度去考虑，常常忽略了作为学习主体的学生的自我需要。而学习过程的发生必然是在学生主观意志的作用下才可能有效实现的，教师的讲解传授只有转化为学生内在的自我需要时，才能使学生真正投入学习过程，变被动为主动，提高教学效

果。通过实践教学可以有效地实现这一目的。如对某些领域的成功人士进行访谈，感受他们对社会的责任感和使命感，了解他们的精神境界，将会使同学们认识到，思想政治素质的提升对其他素质的发展具有导向的决定性作用。科学的世界观、人生观和价值观是每一个人健康成长的基础，是同学们朝着正确方向，将自己铸造成才的精神支柱。

未来在事业上要有一番作为，除了需要丰富的专业知识外，还必须具备较高的马克思主义理论素养和较强的理论思维能力，有高尚的思想道德情操、健康的身心素质、较强的社会交往能力和综合技能，而这些都是同学们通过对思想政治理论课的认真学习可以得到提高和进一步加强的，从而实现国家需要、社会需要与自身需要的统一和结合。

## 六、有利于帮助大学生答疑解惑

一方面，针对课堂教学中一些学生对马克思主义基本理论理解肤浅、认识模糊的状况，通过实践教学，可以力争为理论解惑。当代大学生思想活跃，但他们社会阅历较浅，对理论问题的理解往往肤浅和片面。思想政治理论课教学如果只是从理论到理论的灌输，很难获得学生的认同，更谈不上信仰。因此要深化同学们对思想政治理论的理解，深化对党的基本路线、基本方针的理解，提高学生的马克思主义理论水平，坚定他们的社会主义理想和信念，就必须开展实践教学。

实践教学可以使学生们跳出自己生活的狭小圈子，深入现实社会，亲眼见证党的改革开放政策所带来的巨大变化和所取得的辉煌成就，同时也可以使他们了解到我国目前仍然处于社会主义初级阶段，生产力的发展水平还很不平衡，经济基础和文化水平还比较落后，城乡差别还很大，还没有完全消灭贫穷和愚昧。这样同学们既看到了社会向前发展的美好前景，看到了社会主义的本质和主流，也看到了当今社会上仍存在的一些腐败和落后现象，从而在亲身体验中去深入思考，运用历史的辩证的方法分析问题，加深对党的路线方针的认识，坚定社会主义的信念。

另一方面，通过实践教学可以解决一些学生个人成长中所存在的思想困惑。根据近年来对部分高校思想政治教育状况的调查，大学生的思想状况可以概括为“五强五弱”，即时代感强、责任意识弱，认同感强、实践能力弱，参与意识强、辨别能力弱，主体意识强、集体观念弱，个性特征强、承受能力弱。要有效地解决这些问题，仅仅靠思想政治理论的课堂教学是远远不够的，还需要通过实践教学和社会实践，有针对性地进行教育。

结合“建设中国特色社会主义文化”一章的教学，可以“加强网络文明建设”为题，组织学生对校园内和校园周边网吧进行调查，了解其积极作用以及存在的问题，理解网络存在和发展的必然性和清理整治的必要性。通过现身说法的“演讲赛”、唇枪舌剑的“辩论赛”，明辨是非，进行自我教育，提高辨别能力。在实践教学中，以组或班为单位的活动，还可以使同学们学会与他人分工合作、相互配合，学会关心、理解、尊重他人，学会处理人与人之间的关系的方式和方法，懂得为实现共同的目标而努力，培养团队精神，增强集体观念。

总之，思想政治理论课的教学要实现通过对大学生进行马克思列宁主义、毛泽东思想和中国特色社会主义理论体系的教育，使他们逐步树立科学的世界观、人生观和价值观，学会科学的方法论。提高思想政治觉悟和认识能力，就要充分发挥课堂教学在思想政治理论课教学中的主导作用，同时也要重视实践教学这一重要环节，充分认识实践教学不可替代的积极作用。只有将二者有机地结合起来，才能够真正发挥思想政治理论课在大学生思想政治教育中主渠道、主阵地的应有作用。

# 第二章　高校思想政治理论课实践教学思想溯源

任何教学形式的形成和发展都必须具备完备的思想和理论基础，高校思想政治理论课实践教学也不例外。所以，为了更好地解决其发展中存在的问题，必须要具备相应的理论支撑和知识借鉴。为了提高高校思想政治理论课实践教学的实效性，要先对高校思想政治理论课实践教学的思想溯源和理论基础有所了解，以为实践教学问题及对策的探究提供恰当的科学依据。本章分为马克思主义关于实践理论的论述、著名教育家关于实践教学的阐释、高校关于思想政治理论课实践教学的发展三部分，主要内容包括马克思实践观及马克思、恩格斯的实践教育思想、国内外教育家的实践教学思想等方面。

## 第一节　马克思主义经典作家关于实践理论的论述

### 一、马克思主义实践观

马克思主义实践观在马克思主义哲学中处于核心地位。其建立在西方哲学史的学术研究背景之中，是自身理论不断发展的产物，是马克思思想理论发展的轨迹。马克思实践观是在继承和批判中发展起来的，它立足于现实生活，在社会现实的不断刺激下最终形成。

马克思在对黑格尔实践观点的扬弃中，确立了其实践观的唯物主义立场。首先，马克思借鉴吸收了黑格尔关于实践与理论关系的思想。在黑格尔那里实践被引入认识论的同时提出了，实践是高于理论的，实践与理论要相统一，检验真理的标准应该是实践等思想，这些合理思想在马克思那里都得到了很好的继承。

黑格尔认为理念是在向外展现自身，但其最终目的是实现“绝对理念”，是为“绝对理念”而服务的。只有经过实践阶段的理念，才能最终转化为“绝对理念”。因此，实践是黑格尔认识环节中的重要一环，是其“绝对理念”生成过程中不可或缺的一环。只有那些经过实践检验的理论，才能最终实现对绝对真理的把握与认识。这些思想在马克思那里都被合理地继承了，也为后来马克思将实践观引入认识论提供了参考依据。

列宁曾这样评价，当马克思在认识论中引入实践的时候，就是他与黑格尔最接近的时候。由此我们可以看出，黑格尔将实践引入认识论为马克思实践观的最终确立奠定了坚实的理论基础。马克思批判吸收了黑格尔的劳动思想理论，形成了其独特的生产劳动思想，并将其本质规定为人。马克思指出“黑格尔的《现象学》及其最后成果——辩证法，作为推动原则和创造原则的否定性——的伟大之处首先在于，黑格尔把人的自我产生看作一个过程，把对象化看作非对象化，看作外化和这种外化的扬弃；可见他抓住了劳动的本质，把对象性的人，现实的因而是真正的人理解为他自己的劳动的结果”。

由此可知，劳动在黑格尔那里是被“头足倒置”了，黑格尔仍然是在其“绝对理念”的基础上来理解劳动概念，黑格尔所论述的劳动概念，并非我们在现实生活中所开展的生产劳动活动，他所说的劳动只是一种抽象的精神活动。在他看来，劳动只是其绝对精神运行过程中的一个阶段，劳动过程只是绝对精神的外化显现。所以作为劳动主体的人以及在生产实践活动中的人，其本质只能是抽象思想和自我意识的发展。此时的劳动对象也不再是客观的物质世界，而是绝对精神的世界，是自我意识世界的纯粹体现。在马克思看来，对于黑格尔实践观的扬弃，就是要将黑格尔对劳动倒置的理解重新颠倒过来，从现实出发，从人以实践活动来改造自然的角度出发，才能将实践归位于唯物的基础上。

在黑格尔那里实践是绝对精神的体现，而在费尔巴哈这里，实践则被赋予了人本主义色彩。尽管费尔巴哈哲学体系的建立打破了黑格尔唯心主义哲学在当时的绝对统治地位，使唯物主义又一次登上了哲学史的舞台，但费尔巴哈的哲学终究是半截子的唯物主义。

马克思将费尔巴哈的实践思想概括为两个方面，并对其做了扬弃。首先，费尔巴哈作为一个唯物主义哲学家，他对于实践的论述是从唯物主义的基础上展开的。在费尔巴哈那里实践的主体是感性的人，实践也是一种感性的活动，是生活的实践。费尔巴哈用自然界和人来总体概括自己的学说。在他看来，不论是主体人还是客体自然都是感性存在的，只是分属的领域不同。尽管他从这里突破了黑格尔所认为的“实践是绝对观念中的一环”，为实践带上了唯物主义色彩，但在他的实践中，人只有自然属性，只是直观的人，而感性活动也只是人们为了满足自身生存需要而发展起来的本能活动而已。其次，在费尔巴哈看来，人所开展的真实活动只能是理论活动。他忽视了人在实践中的积极作用，忽视了人的能动性功能，并以此来极力贬低实践。

费尔巴哈以理论是一种客观活动为着力点，来揭示出宗教的本质。在他看来，理论比实践更为重要，只有理论才能为人提供真正的自我意识。除了理论之外，所有的自我意识都是虚妄的。费尔巴哈用理论消灭上帝，把理论看作主客体之间的真实关系，认为人的真实活动应该是理论活动。由此可以看出，费尔巴哈把实践等同于理论。

马克思在对费尔巴哈的扬弃时说："费尔巴哈只是把理论的活动才看作真正人的活动，而把实践只是从它的卑污的小商人活动的表现形式上去加以理解和确定。"费尔巴哈关于实践的这些思想，本质上只是一种旧唯物主义的思想观点，存在很大的缺陷和局限性。

马克思敏锐地看到了这一点，指出他对于世界的认识局限在于他单纯的直观感受之中，而没有看到他所处的感性世界并不是如客观世界一般，是一开始就存在于世界的东西，也不会是一成不变的东西。随着工业的发展、社会的变迁，感性世界是会发生改变的，感性世界是历史进程中的产物，是人们世世代代生产实践活动过程中的产物。费尔巴哈对感性世界的认识是狭隘的、不全面的，他没能看到社会物质生产是感性世界的深刻基础，看不到感性的世界不是原始状态的人和自然，而是人们在劳动实践过程中改造着的世界。

通过之前的论述我们可以发现，马克思在总结和扬弃了前人思想的基础上，逐步建立并完善了自己的实践思想，形成了科学的实践观。马克思通过实践来把握人同世界的关系，并以实践为探讨方向，在实践中实现了他哲学的最终目的，即"改变世界"。

## 二、马克思恩格斯的实践教育思想

实践是马克思主义哲学的一个核心概念。马克思、恩格斯汲取了康德、黑格尔等唯心主义者及费尔巴哈等旧唯物主义者关于实践学说的合理内核，以辩证唯物主义和历史唯物主义的视角，批判了其观点的错误所在，创立了科学的实践观。马克思、恩格斯指出：人的本质是一切社会关系的总和，实践是认识的基础，它包括了物质生产劳动等多种社会形式并具有能动性和社会历史性。马克思、恩格斯的实践教育思想是其科学实践观在教育中的反映。

### （一）实践是人的身心发展的关键因素

人的身心发展遵循何种规律，这是古今中外思想家和教育家争论的重要问题。

英国教育家洛克提出了著名的“白板说”，认为人的心灵如同白板，一切观念都源于后天的经验。十八世纪法国唯物主义者爱尔维修继承了英国教育家洛克“白板说”的思想，认为造成人与人之间的不同和差异的根本原因在于教育。十九世纪英国空想社会主义者欧文提出，环境才是人的发展的决定性因素。

马克思对上述错误思想进行了批驳，他在《关于费尔巴哈的提纲》中指出：“关于环境和教育起改变作用的唯物主义学说忘记了：环境是由人来改变的，而教育者本人一定是受教育的。”马克思认为，欧文片面夸大了环境对人的影响作用，缺乏人的主观努力与实践，环境的改变不可能实现；另外，爱尔维修也夸大了教育的作用，缺乏实践，教育影响也不可能实现。为此，马克思进一步指出：“环境的改变和人的活动或自我改变的一致，只能被看作是并合理地理解为革命的实践。”在马克思看来，无论是爱尔维修的“教育万能论”还是欧文的“环境决定论”，它们的根本错误都在于忽视了人的主观能动性以及实践在人的发展中的重要作用。通过对“教育万能论”和“环境决定论”的批判，马克思和恩格斯指明人的发展的客观规律，即人的发展离不开自身的主观能动性和实践，人的发展是遗传、环境、教育以及自身的实践相互作用和共同影响的结果。马克思和恩格斯特别点明了实践在于人的发展中的重要作用，指出离开实践的过程与环节，人的发展将无法实现。这是马克思和恩格斯实践教育思想的一个基本立场。

### （二）实践是实现人的全面发展的根本途径

“人的全面发展”学说是马克思主义经典作家基于工人阶级在资本主义生产关系条件下的片面畸形发展而提出的重要思想。资本主义机器化大生产极大地提升了社会生产力水平，但也带来了日益扩大化的社会分工，在生产资料私有制的资本主义社会，工人只能被机器所奴役。马克思认为，是不合理的社会分工以及生产资料私有制造成了人的片面发展。为了使工人能够彻底摆脱片面发展的命运，马克思借鉴了空想社会主义者圣西门、傅立叶尤其是欧文的人的发展思想，提出了实现“个人的全面发展”的主张。

关于人的全面发展，马克思在《1844年经济学哲学手稿》中指出：“人以一种全面的方式，就是说，作为一个完整的人，占有自己的全面的本质。”根据马克思的理解，“人的全面发展”指的是“个人劳动能力的全面发展，即个人智力和体力在生产过程中得到多方面的、充分的、自由和统一的发展。”这种全面发展的人不仅在精神方面和道德方面得到良好发展，同时也实现了体力劳动和脑力劳动的结合。马克思指出，只有充分发展社会生产力并废除私有制，才能实现人的全面发展。

为了实现人的全面发展，无论是社会生产力水平的提升，还是脑力劳动与体力劳动的结合都离不开人的实践。首先，要实现人的全面发展必须大力发展社会生产力并在此基础上消除私有制。只有通过生产实践，人才能掌握生产技术并不断提高生产力水平。其次，人的精神成长与道德发展也离不开社会实践。马克思指出，人在其本质上是一切社会关系的总和，人的精神成长与道德发展是在与各种社会关系的交往互动中实现的；同时，人只有在劳动生产实践的过程中，才能真正实现脑力劳动和体力劳动的结合。由此看来，实践是实现人的全面发展的根本途径。

### （三）教育与生产劳动相结合是实践教育的主要方式

马克思、恩格斯指出，要实现人的全面发展就必须将教育与生产劳动相结合。

教育与生产劳动相结合的思想并非马克思恩格斯的首创。十六世纪英国空想社会主义者莫尔、十七世纪英国经济学家威廉·佩蒂等都提出过类似思想，英国空想社会主义傅立叶和欧文还进行了相应的实验。但无论是资产阶级经济学家还是空想社会主义者，他们的思想或是从维护资本主义制度及抽象的人性出发，或是带有空想主义的色彩，在资本主义制度下，都不可能真正实现。

马克思、恩格斯基于实现人的全面发展的目标以及适应现代大生产需要的基础上，重新确立了教育与生产劳动相结合的原则。针对当时资本主义社会中比较普遍的童工现象，马克思、恩格斯指出，在未来社会中应该“对所有儿童实行公共的和免费的教育，取消现在这种形式的儿童的工厂劳动，把教育同物质生产结合起来，等等”。

马克思进一步提出：“未来教育对所有已满一定年龄的儿童来说，就是生产劳动同智育和体育结合，它不仅是提高社会生产的一种方法，而且是造就全面发展的人的唯一方法。”马克思恩格斯的经典论述，不仅回答了教育与生产劳动相结合的必要性和可能性，同时也指出这是使人得以实现全面发展的“唯一方法”。

关于如何实现教育与生产劳动相结合的问题，马克思在1866年的《临时中央委员会就若干问题给代表的指示》中提出：“我们把教育理解为以下三件事，第一，智育；第二，体育：第三，技术培训。这种培训要以生产各个过程的一般原理为内容，并同时使儿童和少年学会各种行业基本工具的实际运用与操作。”根据马克思的观点，工人阶级的子女接受教育，必须要让他们了解生产过程和原理并学会使用工具。马克思进一步指出：“把有报酬的生产劳动、智育、体育和综合技术教育结合起来，就会把工人阶级提高到比贵族和资产阶级高得多的水平。”

根据马克思思想的理解，这种教育与生产劳动相结合的方式就是要把劳动生产知识渗透到知识教育、体育和技术教育课程中，让儿童真正了解生产的原理、掌握劳动工具，从而摆脱被机器奴役的局面。在当时的社会历史条件下，儿童只有参加生产劳动才能获得生存。马克思提出“综合技术教育”的目的，就是让儿童能够了解生产活动的全过程，从而摆脱片面分工的束缚，真正实现人的全面发展。

## 第二节　著名教育家关于实践教学的阐释

### 一、中国教育家的实践教学思想

对于实践活动在整个教育活动、德行培养方面的意义，中国历代教育家都很关注。从古至今，中国的教育家始终将教化的实施与道德品质的培育放置于不可分割的同一论域中，这正是在于他们看到了道德教化与实践活动之间的密切联系。

#### （一）中国古代教育家的实践教学思想

中国古代实践教学思想的萌芽应当追溯到春秋战国时期。面对社会的重大转型，面对各个政治王国的兴衰治乱，众多思想家纷纷从各自阶级立场出发，阐述民众教化之道以治天下。其中，对道德教化及其实践活动问题探讨最多的，当推儒墨两家。

开创实践教化探讨先河的，是儒家学派的创始人孔子。孔子首先提出：“力行而近乎仁。”在孔子看来，要通过道德教育培养德行，即德育的最终目标在于使德性落实于行，相对于道德认知，道德实践更为重要。

荀子作为先秦时期儒家学派的集大成者，为实践教化提供了更为深刻的理论依据。荀子指出：“所谓性善者，不离其朴而美之，不离其资而利之也。”按这一逻辑，必须先分析教化对象质朴状态下的人生，才能够认识人为状态（教育、政治状态）下的人性。以此为逻辑起点，荀子提出了一整套系统而完备的实践教化思想。

“行”是先秦时期儒墨两家实施道德教化的重要方法论范畴，构成了春秋战国时期实践教化理论的主要内容。在道德教化的实际操作方面，儒家更为强调教化对象的主观能动性在实践教化中的地位以及教化者品行修养的实际意义；墨家则更多地探究实践教化中的技巧、评判效用等问题。除此之外，儒墨两家都对实践教化问题进行探讨且均触及到教化对象个体品德形成层面，但仍然是较为朴素和零散的。由是观之，这一时期，实践教化理论的特征是涵盖性较广但有待于从经验层面向理论层面深入。

春秋战国时期之后，对于以实践进行道德教化理论积极推进的当推宋代理学家朱熹。朱熹十分重视“力行”，要求教化对象将伦理道德知识付诸于实际行动，转化为道德行为。他既反对知而不行，也反对不知而行或知之不深而行，认为“行而未明于理，则所践履者，又未知其果何事也”，“穷理不深，则安知所行之可否哉？”而且，朱熹还认为，“行”对“知”有检验的作用。朱熹强调学习不可仅仅“就纸上求理义，须反来就自家身上推究”。

春秋战国至明朝期间的众多教育家对实践教化目的的论述，是着眼于国政大纲——“治国以教化为先，教化以学校为本”，围绕怎样维护封建统治秩序而展开的。他们十分重视道德教育，在教育方法上都强调“力行”，同时也触及了个体思想意识形成发展的规律，总结出了具有可行性的培养经验，渐渐脱离了空虚无用、远离实际的倾向，为实践教化理论的发展注入了新鲜的内容。

### （二）中国近代教育家的实践教学思想

清朝时期，中国的封建社会进入发展晚期。随着资本主义的萌芽，社会矛盾日益激化。这一时期，思想文化领域表现出强烈的“自我批判”色彩，以黄宗羲、王夫之、颜元为代表的进步思想家、教育家掀起了实学教育思潮，主张培养“实才实德之士”，强调“学责适用”“学则实行”“习行”等联系实际的教育教学原则和方法，倡导劳动教育。

#### 1. 黄宗羲的实践教学思想

黄宗羲把王守仁“致良知”的“致”字解释为行字，认为其用意在于“救空空穷理”，主张躬行实践以求知，力学致知。在《孟子师说·曹交章》中，黄宗羲通过对历史上各种学说比较，认为唯有重在自己“所行所习”，才能“去圣不远”，是人才成长的正确途径。基于这种认识，他在实际教学中，总是教育和引导学生勤奋刻苦、躬于践行，他也以身作则。“年逾六十余，尚嗜学不止，每寒夜身拥缊被，以双足置土炉上，余膏荧荧，执一卷危坐。暑月，则以麻帷蔽体，置小灯帷外，翻书隔光，常至丙夜。”

在实践教化方法的探索中，黄宗羲颇有创见地提出“讨论辩难”方法，认为调动学生个体主观能动性固然重要，但还须发挥师生群体的积极作用。他提倡在讨论辩难过程中不“以一先生之言为标准”，要“各持一说”，以争鸣于天下的精神，发“先儒之所未廓”。在这样一种自由活泼的实践教化氛围下，有教师相互质疑问难、切磋讨论，有助于学生道德品质的获得和思想境界的提升。

2. 王夫之的实践教学思想

作为17世纪伟大的思想家、教育家，王夫之集前人之大成，在如何通过实践开展道德教化方面摸索出规律，认为受教育者道德修养的锤炼不能仅停留于意识阶段，还应将道德知识变为实际行动。因此，他极为重视力行，认为在学、问、思、辩、行五者之中，“第一不容缓则莫如行”。在他看来，“行”不仅有验证道德知识真假的功效，“知者非真知也，力行而后知之真”，更为重要的是“行”还是衡量道德新的标准，如果“知而不复行”，则非真有“大公之心”。所以王夫之说：“何以谓之德？行焉而得之谓也。”他提出所谓道德，必须将道德知识转化为自身的道德行为。

3. 颜元的实践教学思想

实学教育思潮的又一重要代表人物颜元为培养“实才实德之士”，提出“真学”“实学”的主张。在实践教化的方法探索中，颜元倡导“习行”教学法，即在教学过程中联系实际，坚持练习和躬行实践。由此，他提出了独到的劳动教育思想，认为劳动不仅对人有教育的作用，还可以促进经济发展，推动社会国家强盛。一方面，“养身莫善于习动，夙兴夜寐，振起精神，寻事去作。行之有常，并不困疲，日益精壮。”教化对象亲身参加劳动可以“筋骨竦，气脉舒”从而“魂魄强”。另一方面，劳动可以“正心”“修身”，使受教育者克服懒惰疲沓。“吾用力农事，不遑食寝，邪妄之念，亦自不起。”颜元提倡的接触实际，从躬行实践中获得知识的“习行”教学法以及重视劳动教育等见解在当时大放异彩。

## （三）中国现代教育家的实践教学思想

“五四”新文化运动促成了民族现代意识的觉醒和空前的思想解放。以探索中国社会改造和进步的出路为目的，面对大量涌入的西方现代教育思想，中国的教育实践者积极地加以选择和吸取，开始了各种各样的教育试验之路。以陶行知、陈鹤琴、梁漱溟、黄炎培为代表的教育家对教育教学方法采取兼容并包、洋为中用的态度，不断探索适合于我国现实国情的教育教学方法。在实践教育理念上，他们立足于中国传统教育的批判态度，选择性地吸纳了西方实用主义教学思想。

1. 陶行知的实践教学思想

陶行知关于实践教化的思想，集中体现在他“教学做合一”的理论中。起初，他是从瑞士近代教育家裴斯泰洛齐（Johan Heinrich Pestalozzi）那里得到的启发，而之后给陶行知直接影响并促使其形成“生活教育”理论的是美国教育家杜威（John Dewey）。下面对陶行知实践教学思想的主要内涵进行具体介绍。

（1）教学做合一

陶行知主张教学要合一：“然而教学两者，实在是不能分离的，实在是应当合一的。”支撑这个观点的理由有三个：“第一，先生的责任不在教，而在教学，而在教学生学；第二，教的法子必须根据于学的法子；第三，先生不但要拿他教的法子和学生的法子联络，并须和他自己的学问联络起来。”陶行知的这三条理由，使教学在理论上有了合一的必要性。

教师使用传统的“教授法”，一则使知识的传授生成了某种不安的因素，即学生成了知识赈济的对象，在某种程度上挫伤了学生的学习积极性和自尊心；再则，教师照本宣科传授的知识是经不住不断变化的生活实际的检验的。最重要的是，这种“教授法”会使教师处于很高的教学地位，“唯师独尊”的优越感会使教师逐渐脱离“边教边学”的要求，不利于教师严格要求自己，进而也会影响自己对新知识的学习。

教、学、做作为教学过程的三个方面，在本质上就是一件事，必须要实现合一。但有人对此的理解仍不可避免地出现了偏差。有人将“教学做合一”分成了三方面，即“教的方面”“学的方面”“做的方面”。对“教学做合一”理解的偏差，让陶行知明白有进一步阐释“教学做合一”的必要性。在陶行知眼中，“教学做是一件事情，不是三件事情”。也就是说，“我们要在做上教，在做上学”。教师在“做”上实现教和学，学生在“做”上完成学。因此，只有“拿做来教”才是“真教”，只有“拿做来学”，才是“实学”。

（2）以“做”为中心

教学做是教学的三个方面，肯定存在一个中心点实现三者的平衡。陶行知认为，“做是学的中心，也就是教的中心”，并主张一切生活的教学法都要以“做”为中心。那什么是“做”呢？真正的“做”含有下列三种特征：行动、思想、新价值之产生。而“做是发明，是创造，是实验，是建设，是生产，是破坏，是奋斗，是探寻出路”。自然而然，“做”成了教学过程的中心，并被赋予了实践的内涵。盲目行动，胡思乱想都不是真正意义上的“做”，而“只有手到心到才是真正的做”。陶行知反对劳力与劳心相分离，认为仅仅劳力的人，是永远不会有创新精神的。相反，只会劳心的人，天马行空，不符合实际。只有在劳力上劳心的人，才是真正的“做”。这种在劳力上劳心的人，才是具备创新发明精神的人，才是真正会思考的人。

（3）行是知之始

陶行知认为，王阳明“知是行之始；行是知之成”的表述是不对的，并将其改为“行是知之始，知是行之成”。陶行知用“行是知之始”来说明知识的来源，并不是对“问知”和“说知”的否认，而是“承认亲知为一切知识之根本”。

在这里，“教学做合一”强调以“做”为中心，但不否定书本知识的价值；重视直接感知，强调亲知，但不反对系统的理性知识。相反，陶行知是既重视学习直接感知、强调“亲知”，也重视书本知识和系统理论学习的；既重视发挥学生学习的主动性，也重视教师主导作用的发挥的。他把课本教学与实际操作紧密结合，既重视直接经验的获得，又重视间接知识（书本知识）的传授。

换句话说，运用“教学做合一”的理论，需要我们处理好直接经验和间接经验的关系。一方面，树立“做”是“学”的一切、“教”的一切之基础的观念，在“亲知”上下功夫，另一方面，人生短暂，我们不可能掌握了解所有人类的经验。我们能做的是在个人的经验的基础之上，吸收人类全体的经验。把“亲知”建立在“闻知”和“说知”的基础上，把直接经验放到个人经验里去举一反三，这样才能达到学习效果的最大化。

2. 陈鹤琴的实践教学思想

陈鹤琴倡导的“活教育”理论与陶行知“生活教育”理论一样汲取了杜威教育思想，其中包含着丰富的实践教学思想。立足于“大自然、大社会都是活教材”的思想，陈鹤琴提出“做中教，做中学，做中求进步”的实践教学原则，认为“做”是受教育者学的基础，也是“活教育”教学论的出发点，它强调受教育者在学习过程中主体地位和活动中直接经验的获取。

一方面在教学中以“做”为基础，彰显受教育者在教学活动中的主体性。做可以使受教育者直接地发生接触，引发其兴趣，从而认识愈深刻，对事物改造的能力愈强，甚而提出受教育者的思想“原是一种动作”在做中才能探讨和发现真的知识与世界。“一切的学习，不论是肌肉的，不论是感觉的，不论是神经的，都要靠‘做’的。”

另一方面受教育者独自去“做”还带有盲目性，教师应提供相应的指导，运用心理学、教育学的规律予以气氛诱导或用积极鼓励代替消极惩罚或采用比赛的方法增进学习效率或采用比较数学法或运用游戏化故事化教学等，通过一切可用的手段方法调动受教育者参与实践的热情与积极性，意图在于破除“以威以畏来约束儿童”的“灌输”教学法。

3. 黄炎培的实践教学思想

作为我国职业教育的先驱，黄炎培是实践教学的倡导者和践行者，重视职业教育的实践教学是他的一贯主张。他所创办的职业学校之所以能够培养出大批社会需要的人才，很大程度上得益于他对实践和实践教学的坚持。黄炎培实践教学思想包含实践教学目标、课程设置、教学设施、教学师资、教学制度等方面的论述，内容丰富，博大精深，既有理论指导价值，又有很强的实践操作性。

第一，实践教学目标：职业训练，应手脑并重。黄炎培对“鄙视劳动、读书做官、重道轻艺”的陈腐观念深恶痛绝，他创办或主持的各类学校都高度重视实践教学，重视培养学生的劳动素质和实践能力。他主持的小学设有劳动课，中等学校亦安排相关的职业训练课程，创办的中华职业学校更是将实践教学与训练放在突出位置上，并提出了教育“不惟训练人之脑，尤当训练人之手”的要求，坚持将培养“手脑并用”“双手万能”的人才作为实践教学的目标。

第二，实践课程设置：因地制宜，贴近需求。具体表现在：实践课程是教学的核心要素；针对社会需求调整教学安排；重视学生出路，满足社会需求。

第三，实践教学师资：学说艺能，有所心得。教师是办好职业教育的关键，没有好的师资就不会有高质量职业教育。黄炎培指出：“对于一般教育之感想，认为学校无教育，惟教师有教育。故青年求学与其择校，无宁择师。而设学者当以聘教师为第一重要事务。试思孔孟之时，百家争鸣，往往门人半天下。惟我于学说上，艺能上有所心得，而欲传授于人，于是教育之事起焉。”兴办学校，黄炎培亲自聘请教师，许多名师走进学校为学生授课，也是当时学校成功的关键。

第四，实践教学制度：习学结合，严格管理。实践教学制度涉及人员、设备、安全等诸多因素，建设完备科学的实践教学制度是提高实践教学效率的重要条件。在教育实践中，黄炎培坚持从实际出发。在实践教学制度建设上，他还勇于突破普通教学制度的束缚，创建了一系列富有教育特色的教学制度，提倡习学结合，严格管理。

从整体上看，这一阶段思想家、教育家关于实践教学问题的探讨已经显示出强烈的时代气息，受新文化运动的影响，他们广泛地吸纳西方实用主义教育思潮中合理内容，开始探索适合于中国国情的实践教学理论，比之以往有了开拓性的进步。他们强调学校教育与生产劳动生活相结合，要求受教育者手脑并用，在劳力同时劳心。他们彻底批判传统教育忽视受教育者主体性和生活，力图去除以课堂以学校为中心而脱离社会生活，以教师为中心而漠视受教育者以书本知识为中心而脱离实践和实际的弊端，体现出了教育思想的革新性。

此外，他们还遵循受教育者身心发展规律，探索出一整套行之有效的教学方法，将“教”“学”“做”结合起来，注重受教育者个体思想意识的形成与发展背景，将受教育者主体性的张扬放置于教学中心地位，旨在培养有实际能力的受教育者，对当今的教学改革仍富有启发意义。

## 二、西方教育家的实践教学思想

对于思想政治教育的重视，对德性培养及其实践方式问题的重视，东西方并无二致。当中国的教育家围绕如何以实践方式“成人”“成圣”从而“明人伦”经邦治国展开讨论时，西方的教育家们也围绕个体德行的养成、公民教育的实施方式进行探讨，从而为我们研究实践教学问题提供了多层面、多向度的视角。

### （一）古代西方教育家的实践教学思想

西方教育家对于实践育德的关注，在古希腊智者们的论著及其教育历程中已初见端倪。

1. 苏格拉底的实践教学思想

在智慧的获取途径上，苏格拉底主张“身教重于言教”，认为教育者本身就应身体力行、严于律己、以身教人。正如蒙田所说：“苏格拉底在所有伟大的品性方面都堪称是一个完美的典型。”“苏格拉底之言行臻现了至善至美与大难大劫的极限，远非人工所及。”

黑格尔也曾经赞美道，苏格拉底通过自己的躬行修炼形成了良好的道德品格，苏格拉底还形成了独特的教学方法——“产婆术”，即教育者在实践中不将现成的结论硬性强加于受教育者，而是在与受教育者的共同讨论中，以不断提问的方式使受教育者感受正确的价值观念。

苏格拉底认为，教育的首要任务在于教人“怎样做人”，他劝人笃行教品，践行道德规范，“把精力用在高尚和善良的事上……努力成为有德行的人。……禀赋最优良的、精力最旺盛的、最可能有所成就的人，如果经过教育而学会了他们应当怎样做人的话，就能成为最优良最有用的人。”

苏格拉底认为“智慧即德行”并由此推断出“美德是可教的”命题，既然个体的道德不是天生的，那么正确的行为来自正确的判断，教人道德就是教人智慧，教人辨别善恶、是非、教人正确地实践、行事，智慧就是道德。“智慧就是最大的善……正义和其他一切德行都是智慧，因为正义的事和一切道德行为都是美而好的；凡认识这些事的人决不会愿意选择别的事情；凡不认识这些事的人也绝不可能把它们付诸实践。……正义的事和其他一切道德的行为，就都是智慧。”

2. 柏拉图的实践教学思想

在古希腊时期，对教育问题阐述最多的当数柏拉图。他的教育教学观集中体现在《理想国》中，柏拉图是“寓学习于游戏”的最早倡导者，他要求不强迫受教育者学习，而是采用做游戏的方法提升受教育者的认知和实际能力。实践教学的最终目标在于促使“灵魂转向”，在这一过程中学习和实际锻炼应该贯穿人的一生，实现个体世界观的转变。在柏拉图看来，实践教化要培养人从“可见世界”上升到“可知世界”，转向感性实践或现象世界，看到其真理、本质与共相，从而认识到最高的理念——善。受教育者只有在实践中不断追求善，提高自身认识能力才可以从善理念的高度见到真实的世界。

3. 亚里士多德的实践教学思想

亚里士多德的“德性—实践观”也将教育与人的德性之养成联系起来，然而在德性的内涵及其实现方式上有诸多不同。柏拉图继承苏格拉底的“德性即知识”的德性观，而亚里士多德则认为“德性是一种品质”。他说：“我们称那些值得称赞的品质为德性。”

当将德性与知识联结起来时，教育之于德性的养成主要通过知识学习和研究的方式展开，而且这里的知识主要是一种永恒的真理和理性，指向永恒之物和不变实在的。而当亚里士多德将德性理解成一种值得称赞的品质时，德性就与实践联结了起来。

正如亚里士多德所言：“自然馈赠我们的所有能力都是先以潜能形式为我们所获得，然后才表现在我们的活动中，但是德性却不同：我们先运用它们而后才获得它们。我们通过做公正的事而成为公正的人，通过节制成为节制的人，通过做事勇敢成为勇敢的人。”

在亚里士多德这里，强调运用和做的实践是我们德性养成的基本路径，已然不同于柏拉图所提出的“知识”学习和研究的德性养成路径。然而这种区别背后，实际上是二者对于“善”本身的认识的不同。当哲学从天上回到人间，从探讨自然的本质和宇宙的秩序到关注人自身及其生活时，价值问题开始凸显，进而必然出现“善”这一哲学范畴。

无论是柏拉图，还是亚里士多德，他们的哲学思考在最根本的层面上都关乎对“善”的理解，这种理解的不同直接对应于二者对德性的认识以及教育本质的看法的不同。柏拉图关注的是自为的善本身，他认为善是终极实在，是理念的本体，“它是一切事物中一切正确者和美者的原因，是真理和理性的决定性的源泉”。现实的可见世界的一切运动和变化不过是对善的理念的模仿，以某种方式划分有了善的理念而已。任何人只要把握了善的理念，就能够为自身和整个世界做出善的安排，进而成为善的存在。

对个人和城邦而言，它们的善即是正义，正义的实现在教育的层面即是要通过安排人们的知识学习与研究活动，进而获得关于善的真理与提升把握真理的理性。“与柏拉图不同，亚里士多德的实践哲学并不讲究自为的善本身是什么，只是研究为人的善，也就是说，亚里士多德要追问，人怎样通过学习和习惯在一个善与正义的政治状态中成为善与幸福的。亚里士多德着眼于人人在不同的历史条件下如何能实现善和幸福。”柏拉图关注的是终极的善，唯一绝对的善，即善的理念，而在亚里士多德那里，关注的则是多样的善，不断变化内涵的善，即现实中的善，所以他说：“人的每种实践与选择，都以某种善为目的”，并且“所有人类的每一种作为，在他们自己看来，其本意总是在求取某一善果”。

在最根本的目的上，柏拉图和亚里士多德二者都追求善的实现，但柏拉图认为把握了善的真理，就实现了善，所以善的实现在于追求真理，获得永恒知识。而亚里士多德则认为只有实践善才能生成善，他将幸福定义为最高的善，幸福作为最高善并不是因为幸福是世界上一切正确和美的存在的最终原因，幸福作为最高善是因为作为一种活动形式，它以自身为目的。

亚里士多德将关于最高善，即幸福的学问总括为政治学，他说：“世上一切学问和技术，其终极目的各有一善，政治学术本来是一切学术中最重要的学术，其终极目的正是为大家所最重视的善德，也就是人间的至善”。对于政治学，他进一步说道：“既然所有的知识与选择都在追求某种善，政治学所指向的目的是什么，实践所能达到的那种善又是什么。就其名称来说，大多数人有一致意见。无论是一般大众，还是那些出众的人，都会说这是幸福，并且会把它理解为生活得好或做得好”。由于亚里士多德认为“政治学致力于使公民成为有德性的人，能做出高尚行为的人”，而这显然也是教育学的使命，所以教育学与政治学在善的追求上就存在某种同一性，当然关于这一点，在其老师柏拉图那里也有类似的逻辑。

但是，相对于柏拉图的教育学与政治学以追求作为正义的善不同，亚里士多德的教育学和政治学追求作为幸福的善，前者奠基于人们对“理论知识”的学习和研究，后者奠基于公共生活的实践。

综上所述，古希腊时期思想家基于自身的认识前提，对实践德育开辟了讨论先河，所探讨的范围涉及实践目标和内容、实践方法和模式、实践载体和渠道等方面，在注重实践育人方面有着共识，然而这些相关论著或论辩仍处于相对自发、朴素、未成系统的层面，却为后人对实践教学的研究提供了相对稳定的范式和论域。

### （二）近代西方教育家的实践教学思想

在文艺复兴运动的影响下，人的主体性得以弘扬，知识受到尊崇，一批新兴资产阶级思想的代言人，从维护资产阶级利益的立场出发，对德性培养及道德教育形成自己的学说，其中对道德培养的实践方式问题，也多有涉及。

#### 1. 夸美纽斯的实践教学思想

夸美纽斯继承了文艺复兴中人文主义教育思想的成果，他的《大教学论》是独立形态教育学的开端，在其中夸美纽斯提出“德行的实行靠行为，不靠文字”的观点，认为良好道德品质的养成必须靠行动。“孩子们容易从行走学会行走，从谈话学会谈话，从写字学会写字。同样，他们可以从服从学会服从，从节制学会节制，从说真话学会真实，从有恒学会有恒。”

夸美纽斯更创造性地在道德教育理论中纳入了一个在当时而言崭新的概念——劳动教育。在《母育学校》中指出，“聪明人的任务就在于不让任何人懒惰，甚至从他的幼年时起，就要用一切方法训练儿童勤勉从事各项劳动，就会把最能败坏人的恶魔之门关闭起来。”希望受教育者学会从事一切诚实的劳动，不做人世间的寄生虫。

对于德性培养及其实践方式，夸美纽斯提倡采取直观性教育原则，并且从感觉论出发来论证直观教学的理论依据。他指出，“一切知识都是从感官的感知开始的”，把通过感官所获得的对外部世界的感觉经验作为教学的基础，“在可能的范围以内，一切事物都应该尽量地放到感官跟前。一切看得见的东西都应该放到视官的跟前，一切听得见的东西都应该放到听官的跟前。……假如有一件东西能够同时在几个感官上面留下印象，它便应当和几种感官去接触”。从而把道德教育从局限于文字教学的窠臼引导到认识生活、认识周围世界、投入生活、投入现实世界的广阔道路上，在当时的历史条件下具有革新性的意义和价值。

2. 卢梭的实践教学思想

法国18世纪启蒙运动的巨匠卢梭以“归于自然”为核心，构建了自然主义教育思想，并据此阐发了他关于道德培养及其实践方式的理论。卢梭同其他启蒙学者一样承认感觉是知识的来源，“所有一切都是通过人的感官而进入人的头脑的。所以人的最初的理解是一种感性的理解，正是有了这种感性的理解做基础，理智的理解才得以形成。不过，理性使人认识事物的前提是感觉器官的成熟。所以孩子们不成熟、不完善的感官需要通过实际训练加以完善。”

只有系统性训练受教育者感官，使其在亲身体验的实践中积累大量感性材料才能形成理性认知，卢梭已触及个体道德形成的规律。在此基础上，卢梭从培养“自然人”的独立性出发，还提倡实施劳动教育，认为受教育者只有依靠自己的劳动及劳动成果，才可能过上正直、诚实、自由，健康和勤劳的生活，保持个人的做人尊严。

卢梭并非偏执于劳动教育而忽视道德培养，他认为一个完善人应当“像农民一样劳动，像哲学家一样思考，虽非学识渊博，却善于学习。”然而，卢梭的劳动观是站在社会下层小生产者立场上，涉及的局限于手工业生产方面，当然，这也是时代的局限性。

3. 裴斯泰洛齐的实践教学思想

作为19世纪瑞士著名的民主主义教育家裴斯泰洛齐，在教育史上首次进行了教育与生产劳动相结合的初步实践。他通过在孤儿院的实验指出“我试图使学习与手工劳动相联系，学校与工场相联系，使它们合而为一。”

裴氏看到了教育与生产劳动相结合对人的和谐发展和社会改造的重要意义。在具体的实施中，他明确提出“在学习和手工劳动能够结合以前，两者必须分别打好基础。”表明了他重视学习文化知识与掌握劳动技能并试图找到两者之间的“结合点”，同时他还探索着心理学化的教育途径，“我更加深信，当我们把学校与工场结合起来，并在真正的心理学的基础上办学的时候，新的一代必然会结合起来。”

在道德教育如何有效开展及其实施方式方面，裴斯泰洛齐也基于教育与生产劳动相结合的理论提出了自己的学说，认为既要重视道德说理也要注重道德行为的练习，而不崇尚空谈，也不能借助于体罚，他提出：“人生在世上，是社会中的一分子，风俗道德是和他息息相关的。一生的生活，是否幸福、平安、吉祥，则要看他的处世为人是否道德无亏，能否做社会的表率。因此修身的教育，也成为他的学校工作的主要部分。”

然而，由于受到时代的限制，缺乏大工业的现实基础，裴斯泰洛齐无法全面地对教育与生产劳动之间的关系作历史分析，也不可能真正找到教育与生产劳动相结合的内在联系。

从总体上看，这一时期教育家在对道德教育及其实践方式的探讨中，已经意识到实践与教育相结合对个体协调发展以及社会改造的功用，创造性提出了劳动教育、教育与生产劳动相结合的理论，并且在理论的设想与践行中表现出了尊重个体内心需求、尊重个性的鲜明特点，甚至将视域拓展至道德教育之外，开始从微观的个体心理发展角度探讨德性的培养，试图构建道德教育与教育心理学相融合的交叉性学科，具有开拓性的意义。

### （三）西方现代教育家的实践教学思想

19 世纪末 20 世纪初，在欧美国家掀起的教育革新运动使这一时期的思想家、教育家极富批判和创造精神，他们立足于反思传统道德教育及其实践方式效用，从社会存在与发展的视角阐释道德教育及其实践的本质和意义，视野更为开阔。

#### 1. 杜威的实践教学思想

美国进步主义教育运动代表人物杜威从实用主义教育哲学角度出发对道德教育及其实践方式展开探讨，认为道德教育须以社会生活为背景，“如果我们的教育对于生活必须具有任何意义的话，那么它就必须经历一个相应的完全的变革。”

杜威哲学通过改造传统哲学的形式和内容，一定程度上适应甚至引领了现代西方哲学在马克思之后的发展，他的独特创见是通过一种新经验主义的哲学理论建构而极大地丰富了现代实践哲学的理论话语。然而杜威实践哲学的可贵之处，还在于它的重要构成或基本内容在很大程度上体现为教育哲学。所以他所自称的“哥白尼式革命”的哲学改造工程，很大程度上也表现为教育哲学的革命，他的教育哲学与马克思主义的教育哲学一样，总体上表现为一种教育实践哲学，其中蕴含着丰富的教育实践思想，是现代“教育实践论”话语的主要组成部分之一。

对比考察教育哲学史上“教育实践论”话语的主要表达类型，杜威教育哲学中的“教育实践论”话语与近代科学经验主义的“教育实践论”话语之间有诸多的联系，前者某种程度上是对后者的继承与超越。这两种话语类型虽然所处时代不同，但各自的哲学基础皆是经验主义的。只是近代发源于培根而由洛克、爱尔维修和斯宾塞等所发展起来的“教育实践论”话语，其经验主义基础主要是认识论的，总体上表现为一种感觉主义的经验论。

“教育实践论”在教育实践的善、由教育内容和方法原则组成的实践展开方式等方面皆是围绕这种感觉主义的经验论的，因而与人的感性需求相关的价值成为教育实践的善的基本规定，以感觉经验为基础的科学知识则成为教育过程中的重要内容，教育的方法原则也从经验主义的方法论中寻求支持。

杜威教育哲学中的“教育实践论”话语所立足的是一种被改造了的经验主义，是一种新经验主义。这种新经验主义将经验不再界定为认识的基础，即感觉经验，而将其界定为人与环境之间的交互作用，是一种实践经验或实验性的经验。这样一来，教育过程就与整体的生活实践本身联系了起来，教有作为经验的改组与改造的过程，是通过参与式的生活实践来完成的，而不是通过科学知识的教授和学习来完成的。

作为一种新经验主义的“教育实践论”话语，它的基本蕴含主要体现在这样几个方面，其一，将教育与完整的现实生活实践联系起来；其二，将民主的生长与进步确立为教育实践的善；其三，以经验的改造来概括教育实践的展开方式；其四，教育实践的群体指向打破了一切阶级偏见和对立，表现为平等的大众化。

此外，杜威在如何开展实践教学的探讨中主张“从做中学”，即以经验论为基础，从做中学，以活动性的主动作业取代传统书本式教材的地位，但杜威并没有因为肯定直接经验的作业而否定间接经验的获得。杜威并不反对间接经验本身，他所反对是传统教育中那种不顾受教育者接受能力的直接灌输或生吞活剥式获得间接经验的方式，问题的核心是如何在尊重受教育者身心发展水平前提下促使受教育者系统地接受理论知识。

杜威主张以“直接经验化”的方式来解决这一问题，即从受教育者亲身实践积累的直接经验为起点，对其加以抽象，概括和组织。然而，杜威将直接经验整合为系统性知识在操作层面存在难题，系统性知识的存在形式是逻辑的、概括的、包容的，部分系统知识所反映内容难以还原为受教育者的直接经验，有些即使可以还原，在程度和数量上也是有限的，对此杜威缺乏深刻的洞察。

2. 赞科夫的实践教学思想

赞科夫是苏联著名的教育家和心理学家，被誉为与美国的布鲁纳、德国的瓦根舍因齐名的当代教学论三大流派的代表。赞科夫十分重视实践在教育中的作用，在他的《教学与发展》《和教师的谈话》等著作中，从教学论的角度阐述了实践教育的重要性。

（1）向大自然学习

赞科夫在“发展性教学实验”中，设计了小学阶段新的实验教学计划。在旧的教学计划中，“自然常识”是一门单独学科，从四年级才开始开设，在此之前学生对自然的了解，主要通过阅读来获得。赞科夫在实验教学计划中，将自然和地理列为专门的学科并划出专门的课时。他认为：“这种情况有利于不仅通过讲述，而且通过直接观察和实物课，广泛而深入的研究自然界。”该书还列举了“自然”实验教学大纲与传统旧式教学大纲的不同之处。“一年级：夏末——果实、种子成熟和传播的时期；结合这一点，让儿童了解果实和种子的成熟在植物生活中的作用以及人们对这一现象的利用。让儿童观察夏末的农活和阅读有关读物，认识谷类作物。”

赞科夫在书中写道：“前面谈到的那种使儿童认识自然界的做法，我曾经在那些班级里亲眼看到过。我看到，孩子们对自然课和参观表现出极大的兴趣。他们兴致勃勃地进行观察，聚精会神地听教师讲解，同时也提出许多问题，自己讲述在校外的见闻。显然，这种教学方法是能够激发儿童认识未知事物的内心需要的。”

（2）提升学生的观察力

赞科夫还提出要培养学生的观察力。他从心理学的角度阐述了观察的心理机制，指出：“对周围事物视而不见，就会使一个人的精神世界变得贫乏和片面。如果一个人的亲身观察很有限，就会流于夸夸其谈。这种人对许多事物都能谈论一通，但是他的认识缺乏观察的坚实基础。”

为此，发展性教学实验设计了普通班和实验班的观察对比实验，经过系统的训练，“实验班的一些学生除了不断提高分析的精确度外，还能概括地说明观察对象的属性”。上述结论得到了实验数据的确认和支撑。

“我们的研究得到的事实证明，根据传统教学法规律进行教学的普通班学生，很少把所观察的客体与不存在的另外的客体的结构和外部属性加以比较。而实验班的学生通常超出描述直接感知的客体的范围，逐渐采用比较的方法。”

观察是一种实践性的学习方法，赞科夫通过科学的实验，总结了教学中如何培养学生的观察能力。上述研究成果，对于学生开展科学研究具有重要意义。

（3）通过实践学习理论

赞科夫还特别强调实践学习与理论学习的结合。针对四年级的《技术模型制作课程》，他认为：“旧的教学大纲充满了传授某些知识和训练一些作业方法，而实验劳动教学的内容则贯穿着一定的教学路线，目的在于让学生对制作指定物品的过程进行思考。”指出：“我们的教学大纲的一个突出特点还在于，让学生有机地联系物品的制作来认识某些物理的和技术的规律。”赞科夫认为，理论的学习不是抽象的知识的灌输，而是在实践的过程中去发现问题，获取知识，这也是一条重要的教育原则。

（4）劳动课的教学原则

赞科夫也十分重视劳动教育的重要性，实验教学课题组就劳动课教学提出了一些重要原则。

①劳动教学应培养学生的创造性。赞科夫提出：“让学生进行自由的创造性活动，在劳动教学的实验教学法中占有特别重要的地位。向学生提出任务之后，应当由学生自己去克服完成这一任务的道路上的障碍。学生好像在经历一个发明家、设计师的体验，达到预想的结果，就感受到创造的喜悦。”赞科夫提出了劳动教学的基本原则，即劳动教育并非一种单纯的体力劳动，而是在劳动的过程进行创造。赞科夫认为，劳动教育的本身并不是目的，而是在劳动的过程中进行创造，从而让学生体验到劳动的快乐和创造的喜悦。

②劳动教学应与生产实际联系。赞科夫提出：“在专门规定的时间里，学生到生产部门和建筑工地去参观。在技术小组开展活动时，向儿童介绍生产部门、生产组织、生产类型以及技术和自动化的情况。给儿童读一些关于技术成就、发明家和发明、生产部门的合理化建议者的报道。在劳动课上，利用参观得来的材料参看照片或图片，把在班级里制作的物品跟真正的产品进行比较。这一点很重要，可以避免学生对现代技术形成简单化的观念。通过对比，学生找出自己制作的模型和真正产品之间的共同点，而对他们所发现的差别，教师则给以解释。”

赞科夫在这一段论述中谈到劳动教育的另一个重要原则，即劳动教育应当与生产实际相结合，让学生了解真实的生产过程，学到真正的技术知识，而不是停留在课堂和实验室里。同时，在这个过程中，学生还可以了解到劳动过程的不易。教师的作用不是把相关知识简单地传授给学生，而是在学生自己发现问题的基础上，教师再给予相应的指导。

3. 马卡连柯的实践教学思想

在马克思主义辩证唯物理论的指导下，苏联教育家马卡连柯坚持用变化发展的观点来研究各种教育现象，反对孤立教条地看待教育问题，在探讨思想政治教育及其实践问题上马卡连柯提出将劳动同思想政治教育结合起来，缺乏精神指引或道德导向的实践劳动是无意义的。“在任何情况下，劳动如果没有与其并行的知识教育——没有与其并行的政治的和社会的教育，就不会带来教育的好处，会成为不起作用的一种过程。你们可以随意强迫一个人去劳动，但是，如果不同时从政治上道德上去教育这个人，如果这个人不参加社会生活和政治生活，那么，这种劳动就只能成为一种不起作用的过程，不会产生积极的结果。”在劳动实践中的思想政治教育能够督促受教育者找到正确行为规范。

马卡连柯在教育实践中始终坚持生产劳动教育，力图将教育与生产劳动紧密结合起来，“一般地说，我不仅是劳动教育的拥护者，而且是生产教育的拥护者。马克思直率地说过：所有的儿童从九岁起，就应当参加生产……只有在生产过程中，人的真正性格——生产集体成员的真正性格——才能够成长起来”。他还指出：“我们的国家是劳动者的国家，我们的宪法里明白规定：‘不劳动者不得食’。”因此，在社会主义社会，“劳动也应当是最根本的因素之一”，“正确的苏维埃教育如果是不劳动的教育，那是不能想象的”。

马卡连柯在道德教育及其价值的探讨中，尤为提及劳动教育方式的个体价值，认为劳动中的道德教育涉及公民将来生活水平及其幸福。同时，马卡连柯指出并非所有劳动实践都有教育意义，只有按照教育原则组织的作为道德教育过程总体系的一部分的劳动实践才有意义。因而，“没有生产、没有集体劳动，而只有个人的努力，就是只有仿佛想进行劳动教育的劳动过程。”

他指出：“我现在不能想象脱离生产条件的社员们的劳动教育……在任何情况下我都相信，不注意创造价值的劳动，不会成为教育的积极因素，因此，即使所谓的学习劳动，也应当从由劳动所创造的那种价值观念出发。”

在马卡连柯的教育理念中，当受教育者切身投入到大工业生产、掌握熟练的生产技术时，就能培养他们的多方面性格特点和管理能力。“当我们的劳动教育逐渐转变为生产教育的时候，我自己还不能预期这种生产教育会发展到什么程度。但是，在最近几年来，当我们的十三四岁的儿童能够管理万能铣床组的时候，我就毫不惊奇了。”马卡连柯一针见血地指出，“近代的生产劳动不能不与理论知识和思想政治教育结合起来”。这一理念对于苏联思想政治教育的发展及其教育目的的达成起着重要影响。

#### 4. 克鲁普斯卡娅的实践教学思想

克鲁普斯卡娅不仅是一位著名的革命家，也是苏联时期重要的教育家和教育部门实际负责人。她的实践教育思想体现在对列宁思想的进一步诠释和阐述中。

（1）社会主义社会需要具有丰富实践经验的全面发展的人

克鲁普斯卡娅在《论社会主义学校》一文中，批判了资产阶级学校中的奴役人民的阶级本质和纯知识的、脱离生活的教育特点，提出了工农政府应彻底改变旧学校的资产阶级本质，并提出了社会主义学校的办学目标：“培养全面发展的人，这种人要自觉的、组织的社会本能，具有严正的、成熟的世界观，能清楚地了解周围自然界和社会生活中所发生的一切事情；这种人能从理论上认识并在实践中从事各种劳动（既有脑力劳动，又有体力劳动），能建设合理的、内容丰富多彩而又愉快欢乐的生活。”并认为：“社会主义社会需要这种人，没有这种人就不能完全实现社会主义。”为此，克鲁普斯卡娅提出了社会主义学校的教育“应广泛地开展儿童生产劳动”，因为“生产劳动不仅可以把儿童培养成未来社会的有益的成员，而且可以使他们成为现代社会有益的成员”。

克鲁普斯卡娅明确指出，培养具有丰富的理论知识和实践能力的全面发展的人应该作为社会主义学校的教育目的，这是对马克思主义实践教育思想的继承。

（2）综合技术教育学校的任务在于培养一代新人

克鲁普斯卡娅在多次的讲话与文稿中论述了综合技术教育问题，她以马克思主义实践教育的思想以及苏联社会主义建设中的实际需要，系统地论述了综合技术教育课程的重要性、意义以及内容等，她也是苏联综合技术教育课程的主要设计者。

克鲁普斯卡娅首先论述了综合技术教育的重要性，她认为，当前的国家建设需要大批合格的建设者，而社会主义现代化建设需要大批掌握科学技术的产业工人，因此提高工人的综合技术水平就成为一项非常重要的教育任务。她指出：“综合技术教育的学校的任务在于培养一代新人，这种新人既是生产部门的工人，又是生产部门名副其实的主人。”

同时，她还在《综合技术教育学校》一文中提出：“综合技术教育学校应该在工业和农业这两个基本的生产领域方面授予学生大量扎实的实际知识和理论知识。”在《〈论综合技术教育〉报告提纲》中，她进一步指出：“在实施综合技术教育的学校里，劳动的学习一方面应该授予学生一般的劳动技巧；另一方面，应能从技术、劳动组织及劳动过程的社会意义来理解劳动过程。”

克鲁普斯卡娅认为，开展综合技术教育的目的是培养具有劳动观念和劳动技能的社会主义建设者；实施综合技术教育的学校要让学生更多地了解劳动过程，掌握相应的劳动技能并发展把理论和实际结合起来的能力。

（3）要将社会主义学校建设成劳动学校

克鲁普斯卡娅提出，根据社会主义性质，要将学校建设劳动学校。为此，她提出："居民过去和现在的劳动活动应该是学校学习的中心。劳动学校对待教学大纲上的一切问题都应从劳动的观点出发，从生产的观点出发，从劳动人民的观点出发。""在组织学校生活中，儿童的劳动生产应占主导地位。""劳动乃是教学大纲中研究的中心；劳动是学校生活的组成部分；劳动是一种教学方法！"

克鲁普斯卡娅在《俄罗斯联邦的国民教育制度》一文中指出："教育人民委员部力图把这种统一的学校变为实施综合技术教育的劳动学校。""在统一的劳动学校里，我们不是从专家的观点来对待劳动，而是从新生活建设者的观点来对待劳动，不管他今后从事什么专业的工作，他都必须对上述各种关系有一个明确的理解。"

劳动是学校教育的重要内容，但克鲁普斯卡娅将劳动作为学校学习的中心，提出要将一般意义上的学校都建成劳动学校，这个观点是有失偏颇的。加强学校教育与生产劳动实践的联系并不等于要把所有的学校都建成劳动学校，上述推论过于简单，是不正确的。

5. 凯洛夫的实践教学思想

继马卡连柯之后，苏联教育家凯洛夫以及苏霍姆林斯基对思想政治理论教育及其实践方式有了更为深入的认识。1948 年凯洛夫出版的《教育学》着力于传播和阐述马克思主义教育基本原理，把握其精神实质。在书中他提出，将直观性原则作为实践教学活动的基本原则。"直观是接触知识的'最初源泉'"。受教育者只有在实践中感知具体事物基础上才能形成概念和观念，而此时，受教育者的自觉性与积极性可以调动起他们的思维将直观所得的形象和知觉中的具体事物在意识中加工，对事物及其特征分析、比较、对照，从对它们的概括中得出规律，形成概念。

凯洛夫尤为强调列宁关于认识真理、认识客观现实的辩证途径，将"从生动的直观到抽象的思维，并从抽象的思维到实践"的原理作为组织教学过程的指南。

6. 苏霍姆林斯基的实践教学思想

苏联的苏霍姆林斯基是一位享誉世界的著名教育家，在长期的教育教学过程中，苏霍姆林斯基十分重视实践教育，在他的《给教师的建议》《帕夫雷什中学》等著作中，就环境的重要性、劳动教育以及体育与健康锻炼等问题进行了论述。

（1）要利用环境来教育学生

苏霍姆林斯基认为，环境对学生的学习是非常重要的。他说："我毫不动摇地深信：没有人和自然的相互作用，人的智力发展就是不可思议的。"

在苏霍姆林斯基看来，知识的学习除了书本之外，还有赖于学生的实践，包括在自然界中的体验，尤其对于物理、化学、生物等一些学科。为此，首先要教会学生观察。他说：“从观察中不仅可以汲取知识，而且，知识在观察中可以活跃起来……如果说复习是学习之母，那么观察就是思考和记忆知识之母。”因为“观察是智慧的最重要的能源”。

苏霍姆林斯基认为，观察是“发展智力的手段”，对自然进行观察的过程中，学生的思维可以得到极大地锻炼。首先，是要利用环境让知识“活起来”。苏霍姆林斯基分析了死记硬背式的学习所带来的危害，他指出：“用记忆代替思考，用背诵来代替鲜明的感知和对现象本质的观察——这是使儿童变得愚蠢，以致最终丧失了学习愿望的一大弊病。”

事实上，学生的学习内容越是复杂就越需要联系实际，开展实践。苏霍姆林斯基指出：“儿童在课堂上要掌握的抽象真理和概括越多，这种脑力劳动越紧张，那么儿童就越应当经常地到知识的最初源泉——自然界里去，周围世界的形象和画面就应当越鲜明地印入他的意识里去。”因为只有这样才可以使儿童的思维在“生动的、形象的表象的基础上进行”，从而帮助他们更好地理解抽象和复杂的知识，这也是一个重要的教育原则。

（2）劳动教育的原则、方法和内容

作为一名无产阶级教育家，苏霍姆林斯基十分注重劳动教育的重要性。他在《帕夫雷什中学》一书中以一个章节的篇幅专门论述了劳动教育问题，包括：劳动教育原则、劳动教育的物质基础、劳动教学、劳动教育的方法同智育德育体育和美育等方法的联系、劳动制度等。在《给教师的建议》中，苏霍姆林斯基也就如何教育学生热爱劳动、通过劳动发展学生的个人才能和爱好、劳动教育与个性全面发展等问题也进行了专门论述。其主要观点如下。

①劳动教育是实现人的全面发展的必要条件。苏霍姆林斯基阐述了劳动教育的重要性，他指出：“一个人的和谐全面发展、富有教养、精神丰富、道德纯洁——所有这一切，只有当他不仅在智育、德育、美育和体育素养上，而且在劳动素养、劳动创造素养上达到较高阶段时，才能做到。”苏霍姆林斯基认为，要实现人的全面发展的必要条件离不开劳动教育。通过劳动，可以发展智力、实现脑体结合，有助于培养良好的性格和集体意识，有利于人的审美观的形成，还以达到锻炼身体、增强体质的效果。因此他提出：“教育任务就是让劳动渗入我们所教育的人的精神生活中去，渗入集体生活中去，使得对劳动的热爱在少年时期和青年早期就成为他的重要兴趣之一。”苏霍姆林斯基认为，必须在青少年中培养劳动的兴

趣，养成劳动的习惯，并认为这是教育的一个重要任务。

苏霍姆林斯基特别强调劳动的重要性，是基于自身长期的教育经验和体会。他在《给教师的建议》一书中指出："在学校工作的十几年经验使我相信，劳动在智育中起着极其重要的作用。儿童的智慧在他的手指尖上……手所掌握的和正在学习的技艺越高超，儿童、少年和青年就越聪明，他对事实、现象、因果联系、规律性进行深入思考和分析的能力就表现得越鲜明。"苏霍姆林斯基还在实践中予以贯彻，并在帕夫雷什中学开设了各种工作室和车间，备有各式各样的手工劳动工具，让学生能够动手实践。

②自我服务。苏霍姆林斯基认为，自我服务也是劳动教育的一种形式。因为"劳动教育一般都从自我服务开始，而且日后不管每个人从事何种生产劳动，自我服务都将成为他的义务和习惯"。开展自我服务教育，可以培养儿童对自己和他人的义务感。关于自我服务的内容，苏霍姆林斯基指出："首先是对工作环境，即对教室、实验室、工作间的整洁美观的关注。特别重要的是，要把美化生活的劳动纳入自我服务之中。"自我服务的目的，在苏霍姆林斯基看来，就是"要让孩子感受到，通过自我服务的劳动，能够使生活变得更美好、更快乐、更可爱。"

（3）重视学生的体育锻炼

苏霍姆林斯基十分关注学生的体育与健康问题。他认为，健康的身体是良好生活的根本保证，而体弱多病是众多不幸的根源。因此，必须建立体力劳动和脑力劳动的良好作息制度。苏霍姆林斯基列举了许多有利于学生身体健康的教育措施，例如：在校园里多植树，让学生在"氧气厂"获得新鲜空气；保证学生有充足的睡眠；尽可能地将课堂和各种兴趣小组活动放在户外进行等。

在苏霍姆林斯基领导的帕夫雷什中学设有操场和体育馆，备有田径、球类、攀登等各种运动器材。同时，学校还根据学生体格情况，将学生分为"基本组""预备组"和"特殊组"并按照单独的大纲进行教学。学校将田径和体操作为主要项目，目的在于培养运动美感、力量、协调性、灵巧性和耐力。在苏霍姆林斯基看来，体育应体现健康的精神，将体育操练变成一种享受，变为机体的需求。他指出："我们竭力要使学生确信，有规律的经常性锻炼不仅可以使身体变得健美，动作协调，而且可以培养性格，锻炼意志。"

作为一位终身在一线学校工作的教育家，苏霍姆林斯基的实践教育思想更加具体也更具有操作性，尤其是其将环境作为学生学习的重要场所、将自我服务作为劳动教育的重要内容以及对于学生体育锻炼的关注等，都是对马克思主义实践教育思想的发展和创新。

综观现代西方教育家的实践教学思想，他们针对传统教育中过分注重教材书本知识即间接经验的获取，强调教师在教学中主导作用，与受教育者生活分离的趋势，从教育存在的本质及意义出发，提出了道德培养及其实践的构想，在理论构建层面较之前人具有创新与超越性。同时苏联现代教育家基于对辩证唯物主义方法论和马克思主义教育基本原理的深入掌握和运用，着眼于促进教育者个性的全面发展来探索实践教学论，在教学目的、教学方法、教学原则、教学模式的研究上更加贴近于教育规律，具有了高度的可操作性及微观性等鲜明的特点。

# 第三节　高校思想政治理论课实践教学理论的发展

## 一、高校思想政治理论课实践教学理论的创新

高校思想政治理论课实践教学理论的创新要求思想政治教育学学科不断丰富其教学理论。红色文化生成于马克思主义中国化的历史进程中，二者具有共同的实践基础，是一部反映中国革命实践的“活教材”。在思想政治教育实践教学中引入红色文化，将红色文化融入高校思想政治理论课教学的理论与实践，形成具有红色文化特色的思想政治教育工作思路与理论体系，是适应新形势、新动力、新挑战应秉持的重要条件，也是实现思想政治理论课实践教学理论创新的一个重要途径。

《毛泽东思想和中国特色社会主义理论体系概论》这一门课是具有很高理论价值的思想政治理论课程（以下简称《概论》）。《概论》课的教学目的，是使学生能够立足于中国革命、建设和改革的伟大实践中，去深刻认识和掌握我党继续发展马列主义中国化的学说发展的伟大意义，深刻理解马列主义中国化理论成果既一脉相承而又内在统一的科学体系，进而深刻认识近现代中国社会历史发展和革命运动的规律性，认清必须在我党的带领下沿着社会主义道路前进的必然性，从而更加坚定我国特色的社会主义的理论自信和制度自信。因此，深刻认识和把握马列主义与我国实际相结合，掌握我党坚持和发展马列主义的历史进程，是协助高校学生更好地学习《概论》这一课程的基础，是达到高等学校政治思想教育理论创新的根本条件。

《马克思主义基本原理概论》也是高校思想政治理论课的重要组成部分（以下简称《马原》）。在《马原》课中引入红色文化，既与我党的理论与实践结合

原则相适应，又能够帮助高校学生提高理论水平，还有助于提升高等学校课程自身的实际效果。深化《马原》这一课程的教学改革是目前革新思想政治理论课实践教学理论的重要课题。思想政治理论课实践教学的理论创新要依托一定载体，要有的放矢，红色文化为高校思想政治理论课实践教学的理论创新融入一股清流，是高校思想政治理论课实践教学理论创新的意识引导。

《形势与政策》是一门与时俱进、紧跟时代脚步的思想政治理论课（以下简称《形策》）。实践教学政治思想课程的一种方式，它必须具有一整套普遍适用的管理形式，对所有高校都有借鉴作用。高等学校政治思想课程有着政治思想性、知识实践性集于一身的特色。因此思想政治工作者必须学习文件，领会精神，吃透教材，在继承的基础上结合实际进行理论创新，把握重、难点，精心设计，深入浅出。将红色文化融入《形策》课中，是解读党中央、国务院关于高校思想政治工作指导方针的重要法宝，也是高校思想政治理论课实践教学理论创新的一大突破。

## 二、高校思想政治理论课实践教学领域的创新

长期以来，思想政治教育由于具有较强的国家意识形态性质，人们只看到了思想政治教育的政治性和特殊性，并未看到它的普遍性和学术性，从而人为窄化了高校思想政治教育的学术视野，影响了这一学科在实践教学过程中与其他领域的交流与沟通。目前，不同领域、不同科目间的联系和结合，已经变成高等学校政治思想课程实践教育方面革新的一大趋势。因此，要开展高校思想政治教育实践教学领域与其他领域的“联姻”，增强与相关领域如心理学领域、哲学社会科学等领域的对话能力与沟通意识，开展广泛的国际学术交流，大胆借鉴其他相关领域与思想政治教育实践教学密切相关的理论资源，同时也要注重运用思想政治理论课独有的体系和范畴加以消化与吸收，不断探索具有高校特色的思想政治理论课实践教学的新领域。

心理学作为高等学校政治思想课程的配套科目，依然是高等学校政治思想课程实践教育工作不能轻视的理论基础。基于心理学领域的实践教学要求高校思想政治理论课与必修课、选修课相结合。在思想政治理论课课程的前提下，加强心理等社会与人文学科方面的知识，给承担政治思想课程教学任务的中青年教师在经过专业技能培训与学习后依据自身情况考虑是否同时担任心理学相关专业课程的教学和科研任务，从一个新的专业视角提高和充实思想政治理论课实践教学，延伸了政治思想课程实践教育的眼界，扩展了教育内容，加深了政治思想课程在

实践教学中反映社会问题、反映学生心理诉求的能力。

高校思想政治理论课在实践教学过程中也可与哲学社会科学等领域相融合。国家颁布的《关于加强和改革高等院校学生政治思想教学工作的要求》提出：社会科学和哲学等科目大多具有明确的思想观念形态性质，对于协助高校学生明确政治方向，能够准确理解复杂的社会现实，提升个人品质修养和精神素养具有重要影响。

社会科学与哲学在政治思想教学工作中具有重要责任，为政治思想课程提供理论上的支持。《关于加强和改进新形势下高校思想政治工作的意见》认为，必须充分发挥社会科学与哲学的育人作用。强调必须重视社会科学的体制构建，努力建设我国特色的社会科学和哲学体制，加强马列主义学科的引导功能，鼓励有条件的学校在马列主义学科之下组成二级学科。推行高等学校的马列主义学术人才培育计划，全力促进研究体制的革新，尽快健全具有国家特色与世界眼界的政治、历史、民族宗教、法律、等人文学建设，构建具有中国特色和全球一流的社会人文学科。尽快构建一大批社会人文学科的高等教材。必须进一步规范社会和哲学学科教材选择，构建国家级优秀学科教材的评审和奖励体制，健全相关学术评审体制和评审标准，构建科学公平的社会科学与哲学研究成果评审体制，并且完善优秀研究成果的评审推行平台，提升高等学校学术委员会评审质量。所以高等学校政治思想课程实践教学需要拓展到社会科学方面，同这一学科紧密联系，用坚实的学科知识和多样的教育形式提升研究质量，扎实加强高等学校政治思想课程理论与实践教育部分在哲学社会科学领域的实效性。

# 第三章 高校思想政治理论课实践教学现状

高校思想政治理论课实践教学是高校思想政治教育的重要组成部分，各高校对此均进行了相关的改革，并取得了相对显著的成绩。但这个过程同时也暴露了不少问题，这些问题直接关系到思想政治理论课实践教学的健康发展，以及能否切实增强思想政治理论课教学的实效性。因此，应对高校思想政治理论课实践教学创新的具体问题进行分析。本章分为高校思想政治理论课实践教学取得的成绩、高校思想政治理论课实践教学存在的问题、高校思想政治理论课实践教学存在问题的原因分析三部分，主要内容围绕着这三个部分展开。

## 第一节 高校思想政治理论课实践教学取得的成绩

### 一、提高了学生的综合素质

高校思想政治理论课本身丰富而全面的理论知识体系，教育和引导着学生培养良好的道德品质，增强社会主义法制观念，树立正确的择业观、创业观，选择正确的人生道路等。通过结合思想政治理论课程的实践性教学，学生可以从理论以及实践的角度进行系统的学习和体会。

#### （一）培养了学生良好的政治素质

高校思想政治理论课作为高校对大学生进行德育教育、思想教育、政治教育的主渠道和主阵地，其教学目标之一就是促进大学生良好思想政治素质的养成。而思想政治素质的形成和发展，不仅是认知过程，更是实践过程，行为实践对思想政治素质的养成具有基础作用。单纯通过理论课对学生进行思想政治教育，很难引起学生的思想共鸣，甚至时间久了还会让学生产生教师只是国家思想政治教育传声筒的心理。这不但起不到应有的教育作用，甚至会使学生产生逆反心理，引起学生的反感。实践教学组织大学生进行行为实践，可以通过生动的事实，加深学生对理论的认识和理解。

比如，大学生到比较典型的社区或者农村参观考察，了解改革开放以来城市和农村发生的重大变化，特别是通过了解人民生活水平的提高和生活环境的改善，亲身体验、亲身感受，可以进一步加深对中国特色社会主义理论的理解；还可以到一些革命圣地以及爱国主义教育基地参观，通过瞻仰革命先辈们为了捍卫祖国的独立和人民解放抛头颅、洒热血的壮举，引起学生的心灵震撼，使他们形成正确的世界观、人生观和价值观。

### （二）增强了学生的社会责任感

让学生用身心感受现实社会生活，可以使课堂上的理论知识在实际工作中得到应用，同时使学生充分认识到自己的缺点与不足，了解社会需要的技能与专长，从而增强社会责任感，更加有针对性地提高自身素质。通过社会实践，学生对现实的感觉和认识都有了进一步增强，这种对现实世界的感受与认知，远远比接受课堂理论知识要鲜活并且深刻得多。在实践教学中，学生不再是一个被动的接受者，而成为活动的主体，成为积极主动的参与者，各种潜能都被充分调动起来，以应付各种随时可能出现的情况。

### （三）提高了学生的思想道德品质

通过丰富的实践体会，学生可以亲身感受到思想品德修养的稳步提高，这是理论教学所无法替代的。在思想政治理论课实践教学理念中，通过倡导学生运用所学的理论知识进行积极的体验，可以使他们明确理论知识的价值，加深对理论的理解，从而发现社会中存在的道德及法制方面的问题，并运用所学的知识进行逻辑分析，找出问题存在的症结，进而提出解决的方案。

通过校外社会实践，学生初步形成的品格行为可以得到巩固和升华。社会实践教学活动主要是在校外社会实践基地进行，学生通过校外社会实践基地了解社会、认识社会，可以感受到真实、深切的思想教育，产生心灵的共鸣和震撼，从而促进思想觉悟的提高和知行转化与统一。

## 二、拓展了思想政治理论课教学的广度和深度

我国课程的改革经历了较为漫长的时期，在高校中也是如此。思想政治理论课课程内容较为晦涩难懂，且理论知识占主要部分，这在一定程度上降低了学生

学习的兴趣及持久性。而且传统的高校思想政治课堂，主要采用的是常用的教学模式，即教师讲，学生听，教师处于主导地位，学生处于被动地位，在这种教学模式下，学生的注意力集中时间较为有限，很难对课程内容产生兴趣，这在一定程度上影响了思想政治理论课的授课效果。

随着课程改革的发展，高校思想政治理论课教师不断地进行改革和创新，希望改变传统的教学模式，开创出新的符合时代特征及学生需要的教学模式，即既能够达到传授课程内容的形式，也能够促进学生视野的拓展和实践能力的提升。现在的思想政治课堂，充分挖掘了思想政治理论课的潜在特征，并结合了当代社会对大学生所提出的新的要求，在借助新兴技术手段的基础上，针对实践教学，提出了四种模式，分别是课堂实践教学模式、校内实践教学模式、社会实践教学模式、虚拟实践教学模式。

其中，课堂实践教学模式主要是指在课堂上要通过加强学生的参与作用，发挥学生的积极能动性为条件，采用专题讨论、案例讨论等实践方式，调动课堂氛围，提高学生学习兴趣；校内实践教学模式指的是充分利用学校的各种资源，例如社团活动、竞技比赛等方式，提高学生的参与度；社会实践教学模式主要是指拓展实践领域，让学生参与到社区、社会志愿等活动中，让学生充分感受到民情以及社会事件，加深对社会主义理论的深刻理解；虚拟实践教学模式是时代发展的衍生物，是指充分利用信息技术和互联网技术，开展网上课程、网络学习等，可以拓展学生的视野，帮助学生更加深入地了解理论知识。

实践证明，思想政治理论课实践教学是传统课堂教学的拓展与延伸，形式灵活多样的实践教学活动极大地开阔了思想政治理论课教育教学的空间和场景，有利于大学生把课堂理论知识转化为自身政治素质，有利于增强大学生政治素质和政治责任担当能力。

## 三、提高了学生参与实践教学的积极性

单纯的课堂理论教学容易使学生感到疲倦，甚至产生对理论的抗拒。实践性教学和课堂教学的结合，极大地调动了学生学习的积极性和主动性，使学生从理论观点的被动接受者转为主动收集信息进行理论探讨的钻研者。学生通过自己去看、去听、去体验、去调查研究，可以更深刻地理解社会主义理想和信念、道德和法律，更主动地接受理论知识。

思想政治理论课实践教学开展以来，高校能够抓住以学生为教育出发点和中心的核心实质。在实际的教学过程中，教师能够认真听取学生的意见，对自身进

行较为准确的定位，树立起与学生平等的教学观念，这有效地拉近了与学生的距离，增进了彼此之间的真诚互信与了解。在教学中，教师以身作则，力求言传身教和身体力行，切实在各方面给学生做出了很好的表率。通过建立这种互利互信的师生关系，学生参与的积极性被充分调动起来，从而使教学能够顺利进行并取得实效。

此外，教学中多样化的实践活动也进一步调动了学生的参与热情。许多实践性教学活动的开展，都紧紧围绕与学生的道德及法制观念息息相关的事例展开，真正体现了教学中的“三贴近”的要求。比如，针对教材中某一专题进行专门的讨论；在学习法律知识环节，采用模拟法庭教学方式，针对具体案件进行审理；组织参观大学生教学基地；组织有关专家学者进行演讲和交流等。这些丰富多彩的活动使学生倍感亲切和愉悦，能够使他们得到无形的教育，从而大大提高了思想政治理论课的实效性。

## 四、增强了大学生学习运用马克思主义理论的自觉性

马克思主义是中国共产党的指导思想，具有丰富的思想内涵。当代大学生是国家建设的主要力量，高校是培养国家和社会栋梁之材的重要场所，通过思想政治理论课教学对大学生群体进行马克思主义理论教育，对于帮助大学生树立正确的世界观、人生观以及价值观等具有重要作用。近些年，高校致力于思想政治理论课实践教学的探索，实践教学形式越来越丰富多样。形式多样的思想政治理论课实践教学活动的开展使得大学生增强了学习以及运用马克思主义理论的自觉性。

大学生在实践教学过程中，通过参观访问、社会调查等能够亲身实践，并可以直观体验的方式可以进一步了解世情、国情、党情、民情，进一步加深对马克思主义及其中国化理论成果作为行动指南的认识，进一步理解中国历史和人民选择马克思主义作为指导思想的历史必然性。而这些不仅能够帮助高校学生增强其政治觉悟和政治敏锐性，也能够让学生学会用社会主义思想武装头脑，深化了对马克思主义理论及中国化理论成果的践行。

## 第二节　高校思想政治理论课实践教学存在的问题

### 一、高校思想政治理论课实践教学覆盖面不够

多年来，由于受到多种条件的限制，各高校思想政治理论课实践教学活动开展的覆盖面极其有限，教学活动的顺利开展也受到了限制，并不能够面向全体学生而展开。这直接影响了该课程的教学效果，且不利于有效地对学生开展教学。

第一，目前大多数高校的思想政治理论课实践教学主要还是以校内为主，校外覆盖面明显不足。这是因为，高校设计与组织的实践教学活动，大多是由学校自身所负责。出于安全和经费等多方面因素的考虑，多数高校会以校内的思想政治理论课实践教学活动来取代校外的实践活动，这就使得实践教学活动缺乏社会力量的广泛参与和有效引领，达不到良好的教学效果。

第二，高校在设置与组织思想政治理论课实践教学活动时多以一些常规性的活动为主，活动形式的全面性明显不够。实地参观、实地调研、助教锻炼和体验式教学是开展教学所采用的主要方式，高校往往容易忽略网络新媒体中所蕴含的思想政治教育功能。新兴网络媒体是开展实践教学的强大助力，但是受到传统教学思维以及技术手段的束缚未能大面积地推行，导致教学的实践活动种类有限。

第三，实践教学活动的参与主体受限于特定人群，难以大范围普及。当前，高校开展的思想政治理论课实践教学参与主体大多是学生中的精英，学生的普及性较低。由于受到活动经费、活动场地和安全性等因素的影响，高校思想政治理论课实践教学要做到全体大学生的全员参与，根本无法实现，各高校也无法做到。

目前，很多高校开展的思想政治理论课实践教学活动，基本上都是选拔少部分“精英”学生参与，以少数学生来代替全体学生，大多数的学生没有机会参与到实践教学活动中进行锻炼，这样一来就难以从整体上把握真实的教育效果，学生也很难通过实践活动真正地接收到有关于思想政治教育的熏陶。

### 二、高校思想政治理论课实践教学流于形式

目前，有不少高校对思想政治理论课教学目标认识肤浅，实践教学环节敷衍

了事，走程序、完任务的现象比较突出。有些高校在教学计划中明确标明了实践教学时间、内容、要求、目标和考核办法，但在具体落实时往往没有按计划执行，要么是草草了事，要么是根本没有实质性内容，即使执行也只是为了应付一时检查，实践教学环节形同虚设。比如，有些高校在社会实践主题的确定上体现了积极向上的精神，充满了时代气息，但是在落实上往往没有按要求执行，只是简单地走完过场，不注重实践的效果。由此便出现了一些打着社会实践的招牌，却只为一睹风景名胜，甚至有的同学根本没有参加社会实践，却能写出实践调查报告等荒唐的事情来。这在很大程度上影响了思想政治理论课实践教学的针对性和实效性。而许多高校的思想政治理论课实践教学由于没有教学大纲，没有规范的管理组织和管理体系，也很难持久、深入地开展。基于以上这些情况，思想政治理论课实践教学研究就变得更为重要。我们应该从新的角度探讨，克服现实中的困难，在尽量节约成本的前提下力求找到合适的实践办法，提高教学效果，以使得实践教学与理论教学相得益彰。

## 三、高校思想政治理论课实践教学内容待优化

### （一）实践教学内容缺乏系统性

目前，高校思想政治理论课实践教学内容还没有形成自己的理论系统，理论课中可用于实践教学的内容还是零散的、片段的。一方面，当前的高校思想政治教育实践教学内容还没有形成严密完整的科学体系；另一方面，高校思想政治理论课实践教学活动难以得到持续顺利开展。教师对思想政治理论课实践教学活动的开展往往根据上级部门或者学校领导下达的课程任务要求，应付性地临时安排一些实践教学活动。而思想政治理论课实践教学是一门需要长期持续顺利进行才能取得良好效果的课程，任何临时应付性或者流于形式的实践教学活动都是很难取得成效的，甚至会引起学生对思想政治理论课实践教学活动漠视。必须通过长期的实践教学活动的开展，营造良好的实践教学环境，将思想政治理论课的内容渗透到大学生的实际生活中，以良好的环境培养大学生良好的道德品质，提高其各方面的素质和能力。

目前，有一部分高校在制订课程教学计划时并没有对思想政治理论课实践教学的课时做出具体的规划和安排，思想政治理论课实践教学课程的设置依然包含于思想政治理论课教学课程中，没有形成自己的课程体系。如此一来，思想政治理论课实践教学教师在进行思想政治理论课实践教学活动时按照主观意愿来开展，随意变更或者挤兑实践教学时间、临时选择实践教学活动的形式和内容等，

使思想政治理论课实践教学成为一门随意性的课程。

### （二）实践教学内容的方向性不强

在高校思想政治理论课实践教学中，部分教育者在理论课堂上绝口不谈政治热点或者敏感话题，不是用坚定的马克思主义立场对大学生进行正确的政治观教育，甚至脱离思想政治理论课实践的教学的政治性，以非主流的教学方式吸引学生的注意力，博得学生对自己讲授内容的兴趣。思想政治理论课实践教学教育内容政治性的弱化导致一些大学生对先进分子、积极分子、三好学生等荣誉的漠视，尤其是对于政治热点问题不关注，对于社会主义核心价值观不信任。

当前，我国经济政治体制改革不断深化，市场经济不断发展，人们对利益的追求不断合理化，全面小康社会的建设进入关键时期。经济政治体制不断完善和成熟，社会结构不断重组，利益格局流动性增强，中西方文化之间融合交流加速。一方面，社会环境的变化对大学生的思想观念形成了一定的冲击；另一方面，科学的进步和社会发生的变化也促进了他们思维习惯和生活方式的改变，同时，一些自制力不强的大学生沉迷于各种网络游戏中，生活腐化堕落，政治觉悟不高、没有正确的理想信念和道德观念等，对政治观念的认识模糊不清等。这些问题对高校思想政治理论课实践教学内容提出了新的挑战，面对这些新情况新问题，教师在开展实践教学活动时必须保证实践教学活动具有正确的政治性，围绕社会主义核心价值观的要求，不断增强对大学生的政治教育。

### （三）实践教学内容缺乏可操作性

大部分大学生对当前我国高校思想政治理论课实践教学的内容不感兴趣，简单地把它认定是一种泛政治化、枯燥乏味、没有什么实际意义的东西。这种错误认识的形成有其一定的原因。首先，学校开展的思想政治理论课实践教学的各种活动，大多没有明确的实践教学目标，对于所组织的实践教学活动所要达到的目的不明确，主要是出于对上级教育部门课程指标或者学校课程任务的应付。这样的思想政治理论课实践教学活动只能流于形式，而形式化的实践教学活动只会限制学生主动性的发挥，浪费了学生自主开展实践教学活动的时间，使得学生只能按照学校规定的某种实践教学形式来开展实践活动，思想政治理论课实践教学被局限在一种简单枯燥的固定模式中。

长期以来，这种实践教学模式严重压制了学生的创新意识和创造能力，阻碍了大学生个性的发展和形成。高校思想政治理论课实践教学活动的开展应该从学校自身条件和具有的优势出发，精心选择和运用丰富多样的实践教学形式，对实践教学要达到的目标做出合理的预期。这样就需要对理论教学内容的基本原理进行与实际相联系的操作化设计。可以说，可操作性和趣味性在实践教学内容选择中是最核心、最有难度的。如何将理论原理转化为可操作性的课题活动，使之能够与学生的生活实际相结合，是实践教学内容需要加强和改善的一个问题。高校思想政治理论课实践教学不是让学生去学习那些虚无缥缈的东西，而是要提高学生对生活中具体问题的操作和动手能力，学习在实践的过程中与人相处、与人配合、与人沟通和交往的能力。

### （四）实践教学的内容缺乏时代性

改革开放四十多年来，我国的经济社会经历了深刻的变革，我国高校的教育条件和高校大学生的思想以及学习娱乐方式都经历了翻天覆地的变化。这就要求实践教学的内容要顺应时代的发展不断赋予自身时代性的内容，并与现代化的教育教学设备和手段以及多样化的实践教学方式相结合，只有这样才能永葆实践教学内容的活力，增强实践教学的实效性。

然而，当前我国高校思想政治教育实践教学内容体系还没有能够紧密联系时代主题，没有形成自身作为高校思想政治教育应该具有的时代特色，没有能够融入符合大学生兴趣和需要的时代风格的内容。其外在表现为高校思想政治教育实践教学内容吸引力不够，实践教学活动的活力不足。这说明，高校思想政治教育实践教学内容体系没有能够完全跟上时代发展的步伐。

同时，高校思想政治理论课实践教学中教师沿用传统的“照本宣科”教育方法的现象依然存在，实践教学教师没有根据时代发展的特点和大学生思维以及生活方式的转变而更新自己的教育方法，更难以按照时代发展的步伐对自己不断进行充电，丰富自身掌握的社会实践知识和理论知识体系。教师自身的能力和水平直接决定了实践教学的质量。思想政治理论课实践教学教师要掌握和运用能够反映时代精神，顺应时代要求的实践教学内容，树立正确的思想政治理论课实践教学观念，运用能为学生所接受的方法和手段，使高校思想政治理论课的实践教学内容能够吸引大学生的关注并让他们主动积极地去接受。

## 四、高校思想政治理论课实践教学经费不充分

与传统的课堂教学相比，高校所开展的思想政治理论课实践教学对于经费的需求会更加强烈，丰厚的资金支持是使其得以顺利开展的必要保证。但是现实却是在具体的思想政治理论课教学过程之中，经费往往不能够得到有效的保证，难以满足实际的教学需要。

第一，高校思想政治理论课实践教学经费的来源渠道狭窄且数目稀少。目前，各高校的经费主要是来源于教育部所划拨的每生 20 元的专项经费，难以满足实践教学活动中所必需的吃、住、行等多方面费用的开支。然而学校却面临教学与行政等多重的工作任务，自身难以再划拨出一定的专项资金作为开展思想政治理论课实践教学活动的经费。与此同时学校与企业的合作也很有限，导致不能够充分地发挥企业的资金优势来加强高校的资金储备，由于缺乏引进资金的渠道使得高校即使有好的活动项目也难以展开。

第二，高校思想政治理论课实践教学的经费不能很好地落实到位。在经费落实的问题上，国家和教育部并没有明确的规定具体应该由哪个部门来负责，对于应该如何正确使用这些经费也没有明确地说明，这就不免会在现实中造成经费使用难以落实到位的尴尬局面。经费不充分的问题，严重影响着高校顺利开展思想政治理论课实践教学活动，不利于切实提高该课的教学实效性。

## 五、高校思想政治理论课实践教学方法不灵活

教学方法是实践教学能够取得良好效果的重要因素，好的教学方法能够让大学生将所学知识内化于心，并能自觉践行到实践当中去。但是目前高校思想政治理论课在不断探索与发展的过程中，却存在教学方法缺乏灵活性的问题。

第一，高校思想政治理论课实践教学方法过于单一，缺少对于多样化教学方法的运用。目前，实践教学主要还是倾向于课堂案例教学法，这种教学方法从一定意义上来说具有生动性的特征，在一定程度上能够取得比较好的教学效果，但是限制了学生实践能力的发展和主体性的发挥，不能充分地调动学生的学习热情。

第二，高校思想政治理论课实践教学的方法缺乏有效的针对性，不能覆盖各个课程。《思想道德修养与法律基础》《马克思主义基本原理概论》《毛泽东思想和中国特色社会主义理论体系》《中国近现代史纲要》《形势与政策》五门课程的实践方法大同小异，没有结合具体的课程内容和课程性质进行有针对性的选择，难以突出不同课程的教学重点，弱化了每一门课程自身的教育意义，也不利于发挥思想政治理论课应有的活力。

第三，高校思想政治理论课实践教学的评价方法僵化，难以获得客观真实情况。目前高校开展思想政治理论课实践教学仍然采用传统的评价机制，大学生上交一份调研报告或者心得体会就标志着一次教学活动的完成，在整个教学活动中对于学生的收获和存在的问题没有一个系统地反馈和调节的环节，因而就无法真实准确地了解到学生的学习效果，也无法客观地评价教学效果如何，也就很难顺

利地完成教学任务，不利于真正地促进思想政治理论课的发展。高校思想政治理论课实践教学在教学方法方面由于灵活性不足的问题，导致大学生不能很好地学习到知识，也就难以实现课程的教学目标，阻碍了教学实效性的发挥。

## 第三节　高校思想政治理论课实践教学存在问题的原因

### 一、对高校思想政治理论课实践教学认识不到位

目前，导致思想政治理论课实践教学活动开展不顺利的原因有很多，究其根本在于高校领导、思想政治理论课教师、大学生自身、家长和社会对实践教学的认识不足。具体表现为以下几个方面。

#### （一）学校对实践教学的认识不足

在中央加强实践教学的精神指导下，各个高校都对思想政治理论课实践教学进行了积极探索，实践教学取得了相应的成绩。但一部分学校还没有形成党委领导、学校党政齐抓共管的格局，在主观认识上仍然存在一定程度的“重专业课，轻公共课”的倾向。与其他学科相比，思想政治理论课是高校不受重视的学科。各个高校，在制定学校的发展规划，或者在总结汇报学校的工作时，都会将加强马克思主义思想政治课程作为首先强调的重要内容。马克思主义思想政治理论课程成了装点门面的彩旗。而实际上，往往宏观上谈论得多，微观上研究得少；抽象肯定得多，具体论证得少；理论上说得多，行动上落实得少。在大学生的教育教学过程中，思想政治理论课的重要性要远比其他课程弱，和专业课自然不能相提并论，但与同为公共基础课的英语、计算机和高等数学等课程比其地位也不高。很多高校对于思想政治理论课教学规模缩小这一规定并没有贯彻落实好，自然还是采取大班教学规模，这一现象没有得到改善，极大地制约了思想政治理论课教学的效果。

高校对思想政治理论课实践教学的重要性认识也不足，主要表现在对于理论教学与实践教学这两者之间的关系认识不足，没有正确对待它们之间的关系。还存在很大一部分人认为只有理论教学课程才是课，实践教学课程与理论教学课程不可相提并论，它的作用是对理论教学课程进行辅助。更有甚者觉得它是可有可无的，并未将实践教学当作是思想政治理论课教学中不可或缺的重要组成部分。因此，不能把思想政治理论课实践教学作为课程来看待。有的领导认为开展思想

政治理论课实践教学系列活动需要耗费较大的人力、物力、财力，而思想的变化又是缓慢的过程，短时间内也很难考核出它对学生产生了多大程度的积极影响，因此不值得投入这么多。认识上的不足和资金投入的不够，这些都严重地影响了思想政治理论课实践教学的实施。

### （二）思想政治理论课教师对实践教学的认识不足

实践教学形式化现象严重，教师指导实践教学缺少动力，这些都与教师对思想政治理论课实践教学的认识存在偏差有密切联系。教师对思想政治理论课实践教学的认识不够，导致教师在指导思想政治理论课实践教学时态度不积极。据调查结果显示，一些教师将类似课堂分组讨论等形式作为思想政治理论课实践教学的主流形式，这样会使实践教学在开展形式上受到限制。

### （三）当代大学生自身对实践教学的认识不足

在开展思想政治理论课实践教学的过程中，学生要使思想政治理论课实践教学顺利进行，达到预期效果，就必须能够独立、主动地参与实践教学活动。目前，大多数学生参与实践教学活动的积极性和主动性都不高。这是由于高校学生学习思想政治理论课实践教学的动机和需求不强，导致学生对思想政治理论课实践教学的认识出现理解偏差。在我国应试教育的影响下，高校学生普遍认为学习的目标任务仅仅是提高考试成绩和专业技能，导致他们对思想政治理论实践教学的认识薄弱，积极性不高。

### （四）家长和社会对实践教学认识不足

思想政治理论课实践教学不仅需要课堂上的实践学习活动，更需要引导学生走出课堂，这就需要在家长和社会的共同配合下完成。但在一些家长看来，孩子上学的目的是学习理论知识，取得好成绩，学校不应该将大部分的精力放在实践活动上，这样不仅浪费了学生大量的学习时间和自由休息时间，还需要花费大量的资金，安全上也可能存在一些隐患。

同时社会上许多单位和企业对思想政治理论课实践教学的认识也不够，同样不甚了解，他们不认为这项活动对学生和社会的意义重大，所以他们一般不愿意配合学校开展思想政治理论课实践活动。

## 二、对高校思想政治理论课实践教学缺乏整体设计

思想政治理论课实践教学是思想政治理论课教学中不可或缺的一部分，它有很大一部分校外活动，因此它的组织过程比传统的理论教学复杂。同时，它不是

一种临时性的决策活动，而是一种长期的实践活动，不是个别学生独立参与，而是全体学生共同参与。因此，同理论教学一样，实践教学也要有详细和规范的教学计划和教学方案，克服实践教学开展的无目的性，以保证每一次活动的最终目标都能得以实现。

目前，大多数高校思想政治理论课实践教学仍欠缺妥善的教学计划和教学方案。很多高校在计划实践教学活动时只是停留在表面，缺少切实可行的教学计划，这就使得思想政治理论课的实践教学难以有效地开展。因此，我们应该根据学生的想法和需要设计相应的实践活动。在开展实践教学活动前，我们要明确实践教学的核心主题，选择合适的实践教学形式，完成实践教学的具体环节，写出详细的实践教学计划和实践教学的具体方案，对实践教学开展的过程进行合理的安排，以确保每一次实践教学都能规范、有序地进行，避免思想政治理论课实践教学在具体实施过程中的弊端。

## 三、对高校思想政治理论课实践教学缺乏过程管理

目前，高校思想政治理论课实践教学流于形式的现象很严重，单一的教学模式在思想政治理论课实践教学中普遍存在。在思想政治理论课实践教学中，存在着教师指导积极性不强、大多数学生参与度不高的现象。开展实践教学活动难度大，特别是一些需要校外开展的实践教学活动难度更大，在实施过程中难度系数也很高。经过分析，可以得出结论，造成这种现象的真正原因是我们没有形成科学的管理体系。因此，可以具体从以下三个方面进行分析。

### （一）思想政治理论教研组之间缺少沟通

在开展实践教学活动的过程中，有时会出现重复参与实践教学活动的问题。这种情况的产生与理论教师有直接关系。在开展实践教学活动时，各教研组教师没有进行必要的沟通，甚至对实践教学的内容不甚了解，没有详细的教学计划。因此，加强各教研组教师之间的配合与沟通，对思想政治理论实践教学的高效开展具有重要而深远的意义。

### （二）思想政治理论课实践教学体系建设有待完善

造成思想政治理论课实践教学流于形式的主要原因就是思想政治理论课实践教学缺乏体系建设。要确保思想政治理论课实践教学的顺利进行，教学体系的完善就显得尤为重要。目前，高校在教学管理、教学体系建设等方面存在很多问题，但思想政治理论课实践教学的相关研究较少，一直处于空白状态。这种空缺将导

致思想政治理论课实践教学陷入无序的状态，进而导致实践教学活动实施困难。因此，建立完善的思想政治理论课实践教学体系是首要任务。

### （三）思想政治理论课实践教学缺乏科学的评价体系

缺少评价体系的制约，学生参与思想政治理论课实践教学活动的动力自然不高。思想政治理论课实践教学的教学效果是需要学生和教师的共同配合营造出来的，如果学生缺乏上课的积极性，课堂表现的效果自然很差。学校自然就不会把实践教学纳入思想政治理论课的教学大纲中。因此，完善实践教学的评价体系，建立科学的实践教学评价方法，是规范思想政治理论课实践教学的重要措施。

## 四、高校思想政治理论课教师实践教学能力偏低

思想政治理论课实践教学对专业教师的实践能力和理论水平的要求都很高，对教师的选择尤为严格。教师需要更多的专业知识来分析和理解思想政治理论课实践教学的理论基础，但部分高校的思想政治理论课实践教学教师普遍存在认识不足的情况。

目前，思想政治理论课部分教师参与工作的机会很少，甚至大多数教师未曾学习和培训过。在这种情况下，思想政治理论课实践教学教师知识储备不能及时更新，就会导致思想政治理论课实践教学效果差强人意。

另外，思想政治理论课教师青年化现象比较严重。从部分高校教师的现状来看，大多数教学一线的是年轻教师，而在思想政治理论课教师中，只有少数教师具有较高职称或思想政治教育专业背景，甚至一些高校在招聘思想政治理论课教师时对学历的要求也会放宽，有些高校对本科学历的应届生也会有所考虑。在这种情况下，思想政治理论课实践教学的教学质量便很难得到保障。

## 五、高校思想政治理论课实践教学组织不规范

组织与规范思想政治理论课的实践教学是一个复杂的环节，这一环节涉及课上与课下、校内与校外等多个方面。高校只有进行科学安排与规范组织，才能够顺利地开展思想政治理论课的实践教学。缺乏规范的组织则会引起教学的混乱和无序，会弱化教学的纪律性，降低实践教学的信服力，这也是目前高校思想政治理论课普遍存在问题的原因。

第一，高校在开展思想政治理论课实践教学的过程中缺乏明确的教学目标。目标的不明确导致教学活动的开展失去了方向，整个实践教学活动只有空洞的形式却没有实质内容，使得教学逐渐地偏离了重心。

第二，高校在组织与开展思想政治理论课实践教学的过程中缺乏规范性的文件指导，在教学过程中存在很大的随意性和盲目性，一旦对教学理解存在偏差，则有可能对大学生的培养造成非常不好的影响，也就不能够真正地发挥出实践教学对于促进思想政治理论课发展的应有作用。

第三，高校在组织开展思想政治理论课实践教学的过程中缺乏教学大纲，无论是授课时间的安排，还是教学内容以及实践活动形式的选择都是教师自由安排，没有明确的教学大纲对其进行要求，严重影响教学的顺利进行。

第四，高校在组织开展思想政治理论课实践教学的过程中缺乏指定的教材和相应的考核评价体系，整个教学过程的编排缺乏系统性与规范性，这直接影响高校深入地、可持续地开展思想政治理论课的实践教学，不利于提升该课程的教学效果。组织的不规范，则会直接导致高校在开展思想政治理论课实践教学时产生一系列的问题，影响着课程的教学实效性。

# 第四章　高校思想政治理论课实践教学模式的创新

构建可行、易于操作的高校思想政治理论课实践教学模式是思想政治理论课实践教学改革与创新的重要突破点，也是提高各高校思想政治理论课教学质量和教学效果最为有效的途径。本章分为高校思想政治理论课实践教学模式构建的必要性，高校思想政治理论课实践教学的常规模式，高校思想政治理论课实践教学模式的创新探索三部分，主要内容包括思想政治理论课实践教学模式概述，高校思想政治理论课实践教学模式构建的现实性和重要性，高校思想政治理论课课堂、校园、社会、“第四课堂”、网络、综合性实践教学模式，高校思想政治理论课实践教学模式创新的长远思路和创新对策等方面。

## 第一节　高校思想政治理论课实践教学模式构建的必要性

### 一、高校思想政治理论课实践教学模式概述

#### （一）思想政治理论课实践教学模式的内涵

一般来说，对教学模式较早进行探索研究的代表性人物是美国学者韦尔与乔伊斯。他们在出版的《教学模式》一书中首先提出了“教学模式”这一概念，认为教学模式是属于教学范式或计划的范畴。此后，教学模式开始逐渐受到关注，国内的一些学者、专家也从不同的视角对其展开了不同程度的研究，并提出各自不同的观点。比如：有的学者认为，教学模式实际上就是一种教学的程序，是指具有独特风格的教学样式，是就教学过程的结构、阶段、程序而言的；有的学者认为，教学模式是适用于某些特定教学情景的特殊的教学方法；还有的学者认为，教学模式是在一定教学思想指导下建立起来的完成所提教学任务的

比较稳定的教学程序及其实施方法的策略体系；等等。在综合各种观点的基础上，我们可以将所涉及的教学模式概括为：是以一定的教学理论或教学思想为指导，为达到特定教学目标将教学诸要素有机结合起来而建立的较为稳定的教学方法或教学范式。

思想政治理论课实践教学模式，就是思想政治理论课教学的一种实践教学方法或实践教学范式。这种实践教学方法，同样也具有特定的理论指导、教学目标等诸要素的结合方式、稳定性等特征，是一个相互联系的有机整体。教学模式的稳定性是相对的，不是一成不变的。作为思想政治理论课的实践教学模式，在保持相对稳定的同时，还具有不确定性，即它要随着教学理论，特别是教学实践的变化而进行不断的变革、发展和完善。只有这样，思想政治理论课实践教学才能更加适合现实发展与学生发展的状况，才能切实增强思想政治理论课教学的效果。

### （二）高校思想政治理论课实践教学模式构建的原则

高校思想政治理论实践课教学模式要顺利有效地实施和运行，并高质量地完成，必须遵循一些基本的原则。

1. 规律性

第一，高校思想政治理论课实践教学模式构建要遵循思想政治品德形成发展的规律。思想政治教育学理论指出，思想政治品德的形成与发展是在社会实践基础上主客体相互平衡、相互协调的结果。高校思想政治理论课实践教学为大学生思想政治品德的形成与发展提供了这种必要条件。

第二，高校思想政治理论课实践教学模式构建要遵循大学生成长成才的规律。大学生一般具有心理还不够成熟、追求个性、思想活跃、接受能力强等特征，要衡量构建的实践教学模式是否合理，主要看其是否能满足大学生认知的需要，是否有利于大学生的成长与成才。

2. 针对性

一是要针对大学生的思想实际和心理特征开展实践教学。大学生的生理和心理都已趋向成熟，对事物的认识有自己独立的见解和看法，但易受外界影响、干扰而产生波动，比较容易冲动。因此，要针对学生的思想实际和心理特征，恰当地选择实践教学方式和内容，对大学生进行引导和教育。

二是要针对时代特点和现实热点开展实践教学。实践的内容要紧扣时代主题，不断地把反映时代特点和要求的内容充实到教学中来，做到与时俱进；实践教学的组织还要紧密联系我们的现实生活、中国特色社会主义改革方面的热点问题等，以增加实践教学的现实感。

三是要针对不同专业、不同年级的大学生开展实践教学。思想政治理论课是全校公共课，涉及文科、理科、工科等很多专业的学生，而且不同年级的大学生特点也不一样，所以要按不同的专业背景、不同年级来设计实践教学活动，不能一刀切，按一个模子来组织。要让每一个大学生在实践教学中都能够确实得到收获和锻炼。

3. 主体性

开展实践教学的过程中要坚持双主体原则，既要充分发挥教师的主导作用，又要充分调动学生的主体能动作用，让两个主体充分互动、交流与沟通。在实践教学中，教师的主导作用主要体现在：教师要确定实践教学的目标、内容和要求，并要进行合理组织、正确指导、启发引导、科学评价和及时总结；教师需要掌控整个过程，要引导实践活动保持正确的方向不偏离，更重要的是如果在活动中发现学生思想上有偏差以及观点是错误的，要及时纠正他们的思想或观点。而在思想政治理论课实践教学中，学生不仅是接受知识的客体，也是自我教育、自主学习、自主探究的主体。完善的实践教学模式必须坚持以学生为本，尊重学生的个性特征和创新性思维；还要牢固树立实践育人的思想，使学生在实践活动中提高思想品德、实践能力和创新能力，促进学生全面发展。

4. 可操作性

实践教学还要坚持可操作性原则，否则就会流于形式、纸上谈兵。要对现有的校内外各种教学资源进行整合利用，做到优势互补，使实践教学能够顺利实施。课内实践教学可以在有效的时间和空间进行，便于组织和操作。社会实践虽然涉及经费和学生参与的问题，但可以采取集中与分散相结合的教学方式。而随着网络的普及，开展网络虚拟实践也是可行的。总之，学校既要采取灵活的方式，也要提供资金、人员、基地等保障，这样才能使实践教学真正开展起来。

5. 开放性

实践教学更要遵循开放性原则。通过对以往经验的总结，实践教学经验一经建立就具有相对稳定性。但它是一个开放的体系，不可能一成不变，其在实践中会不断发展、完善、与时俱进。为了始终发挥最佳的功能和作用，实践教学模式必须着眼于未来实践教学活动的发展，不断吸取新的元素，为模式的超越、创新、可持续发展留下足够的空间。

## 二、高校思想政治理论课实践教学模式构建的现实性

高校思想政治教育作为当前我国传播马克思主义理论、巩固马克思主义思想体系的主要渠道和主要阵地，其实效性一直备受关注。思想政治课程中蕴含着一套系统的马克思主义理论体系，它是实践经验的升华，它的教学目标不仅要求青年学生在理论上认同马克思主义理论体系，而且还要求青年学生将其内化为自己的价值观，并以此指导自己的行为实践。很明显，理论课堂教学很难独立完成这个目标。实践教学的提出和运用是课堂理论教学的必要补充，两者紧密结合，是促进大学生全面发展，达到马克思主义理论内化、外化于行的必然要求。

### （一）落实课程教学的目标

随着改革开放的不断深化以及信息化时代的到来，承载着国外主流价值观念的各种文化现象深刻地影响着青年大学生的生活与学习。特别是自由主义思潮、普世价值思潮等社会思潮在高校中的传播，对我国主流价值观念地位造成一定的冲击和影响。思想政治课内在地承担着塑造青年学生主流价值观念的重任，承担着使青年学生认同马克思主义理论的教学目标。因此，在这一环境下必须加紧落实这一目标。

教学目标的落实离不开理论与实践、知与行的辩证统一。教学目标决定了教学内容和形式的选取，思想政治课课程以科学系统且不断发展的马克思主义理论为教学内容，既源于实践的升华总结，又在实践中得到检验和进一步发展。同时，内容决定形式。思想政治课内容的实践性特点决定了其在教学形式上必须坚持理论与实践相结合的原则。首先，受教育者必须加深课程理论知识的学习，通过课堂理论教学可以使学生以间接经验的方式掌握前人的丰厚智慧成果。其次，要为受教育者提供各种实践情境，使他们能够把学到的理论运用于实践当中，加深对理论的理解和认同，达到知行统一。理论教学与实践教学的开展共同服务于思想政治课教学目标的达成。

### （二）补充课堂理论教学的形式

“理论联系实际”是思想政治课教学的基本原则。理论课教学在我国思想政治教育中占有重要地位，通过理论教学，广大工人阶级和农民群众逐步认识并相信马克思主义理论。随着我国思想政治课课程建设越来越科学、学科化，理论教学也逐渐融入学校课堂，成为思想政治课的主要教学方式。其中以灌输理论为主，

强调教育者以理论讲授、理论学习、理论宣传、理论培训等形式，对受教育者进行有目的、有计划的马克思主义理论教育。

但课堂理论教学如果脱离学生的生活世界，与社会实践脱节，那么对学生来说，其说服力就会大打折扣，教学效果也就很难达到理想状态，对思想政治课的发展也会造成阻碍。为此，重视实践教学，可以补充课堂理论教学，实现理论与实践的结合，从而进一步加强对理论的认识和认同，并在实践中形成行为规范，外化为实践规范。此外，实践教学的开展可以促进思想政治课课程内容在实践中得到检验和验证，并在实践中不断更新和发展，推动思想政治课课程与时俱进。

### （三）彰显大学生的主体性

思想政治教育的教学对象不是被动的、机械的，而是具有主动性、能动性的。思想政治教育既有社会功能，又有个体功能。但传统理论教学中思想政治课社会性功能得到充分发展，个体性功能却没有得到充分发挥。因此，在充分发挥学生主体作用的前提下，要开展思想政治课实践教学，注重思想政治课个体功能和社会功能的双重实现。

一是彰显大学生个性化的要求。每一个学生因其生理、心理和生活环境的不同具有不同的个性特征。尤其随着时代的发展，大学生的个性化特征日益突出，如果仅采取统一的课堂理论教学模式，就难以凸显学生的个性化特征和个性化发展需求。通过开展实践性教学，学生能够在丰富的实践教学活动中获得个性化满足，实现人的个性化发展。

二是彰显大学生能动性的要求。大学生充满青春活力，渴望从各个方面提高和发展自己的才干，这既包括理论层面的提升，也包括实践能力的增强。实践教学思想为学生提供了一个充分锻炼的平台，人的本质力量在实践中得以充分体现。在实践教学中，大学生可以自主地进行现场学习、情感体验、角色扮演等活动，即学生充分发挥主观能动性，在深度参与中实现自身能力的充分全面发展。

三是彰显大学生社会性的要求。人们是在一定的社会关系中生存和发展的，其发展程度与其社会关系关系密切。思想政治实践教学中，大学生的社会性可以得到充分体现，师生间的互动与交流可以不断深化，人的社会性在这个过程中也可以得到充分发展。

思想政治教育个体发展功能和社会发展功能的实现是相辅相成的，单纯地关注某一方面往往导致二者功能的实现难以达到更好的效果。实施思想政治课实践教学，要充分重视教育客体的个性化、能动性和社会性的彰显，注重学生作为教学主体地位的实现，关注学生的个体发展，进而促进社会发展功能的实现。

### （四）践行中国的传统教育

重视实践、践履或践行是中国教育的传统。中国哲学史曾对致知与力行、理论与实践的关系有过丰富而深刻的讨论，无论是知轻行重还是知重行轻，无论是知先行后还是行先知后，无论是知难行易还是知易行难（如“知之非艰、行之惟艰”），各种理论的核心精神大多强调二者的统一。正如朱熹所言：“知行常相须，如目无足不行，足无目不见。”从现代教育学来看，理论与实践相结合是教学的内在要求，学以致用是教、学两方面的共同期望。实践教学作为理论教学的重要延伸，是理论与实践相结合的重要桥梁。马克思主义强调，人的本质具有在社会关系中的生成性，“学习共产主义只限于领会共产主义著作、书本和小册子里面的东西，那我们就很容易造就出一些共产主义的书呆子或吹牛家”。思想政治理论课有其特殊性，它对于促进认知与认同的统一，解决课堂与社会的落差问题，加深学生对世情、国情与社情的了解，在实践中增长才干、培养品质、锻炼毅力、增强社会责任感，达到价值观、知识、能力、情感的同步提升具有不可替代的作用。

目前，思想政治课实践教学暂无统一的教学大纲，因此还处于探索阶段。“大多数高校的思想政治理论课实践教学具有随意性，甚至是走走过场，流于形式，实践教学效果不理想。”这一评价似乎有些偏低，但也不是全无依凭。人们对思想政治理论课实践的理解确实不尽一致。比较各种通常做法，更能看清思想政治理论课实践教学的未来走向。

## 三、高校思想政治理论课实践教学模式构建的重要性

教学模式的构建是对教学过程本质和规律的动态把握，是对各教学要素的优化组合和教学环节的有序组织，有助于教材体系转化为教学体系，教学体系转化为学生的价值体系。从人的思想品德形成过程来看，高校思想政治理论课实践教学模式的构建有助于在实践教学模式的组织开展中回应大学生的思想困惑，增强大学生的情感体验，锻炼大学生的实践能力，从而塑造大学生的价值观念。

### （一）发挥思想政治教育的育德功能

高校思想政治教育离不开马克思主义理论的科学引领，而实践性是马克思主义理论最重要的特征之一。正如马克思所说：“人的思维是否具有客观的真理性，这不是一个理论的问题，而是一个实践的问题。”而毛泽东也指出：“马克思主

义看重理论，正是，也仅仅是因为它能够指导行动，否则理论再好也是没有意义的。”由此可见，高校思想政治教育能否引导人们具有实践理性，能否指导人们正确活动，都离不开实践这一前提条件和根本途径。

首先，从思想政治教育的目的看，高校思想政治教育既要以价值理念引领学生的精神世界，更要以躬身实践塑造学生的社会行为，这样才能实现“内化于心”与“外化于行”的两个转化作用，实现从知识体系到观念体系再到实践体系的三级式跨越。

其次，从思想政治教育的过程看，要做好高校思想政治教育工作，就要积极运用习近平总书记在全国高校思想政治工作会议上提出的“要因事而化，因时而进，因势而新”的方法论。这一论断中的“化、进、新”既表明了思想政治教育是一个动态过程，也表明了思想政治教育要追求的教育实效。“化、进、新”能否实现，一方面，取决于思想政治教育工作者能否坚持以学生为中心，坚持以问题为导向，遵循思想政治教育的规律，发挥实践智慧“因事、因时和因势”施教；另一方面，也寄希望于思想政治教育工作的对象——学生是否能发挥主观能动性审时度势、就事论事等。

最后，从思想政治教育的主体看，人们的社会生活在本质上都是实践的，思想政治教育亦如此。我国学者从思想政治教育意义的角度高度认可实践教育：“思想政治教育的过程具有实践的特点，强调实践过程的育德功能。”思想政治教育更要营造生活化的实践，让思想政治教育的主体充分融入实际的社会生活。

## （二）回应大学生的思想困惑

人的认识的真理性必须在实践中加以检验。思想政治理论课实践教学能够对大学生在课堂理论教学中已获得的、持肯定态度的理论认知进行强化，对仍保有质疑的理论加以现场解释，对大学生所持的个别错误观念加以引导和纠正，从而回应大学生的思想困惑，增强大学生对马克思主义的理论认同。

首先，思想政治理论课实践教学能够对学生已获得、持肯定态度的理论认识进行强化。实践是认识发展的动力，认识的不断深化并固化为个体自身的态度体系离不开实践的参与。思想政治课实践教学与理论教学的紧密结合有助于学生强化对课程教学内容的深度理解。

其次，思想政治理论课实践教学对学生仍保有质疑的理论加以现场解释。通过亲临历史事件发生的地点，再现革命时期的真实文件、影像资料，体验改革开放的伟大成就，可以用事实为学生解疑释惑。

最后，思想政治理论课实践教学能够对学生的错误观念加以引导和纠正。人的观念、观点存在于人自身较为稳定的精神结构部分中，单纯地进行一次或几次理论教学较难使学生的价值观念发生转变。实践是检验认识真理性的唯一标准，面对社会思潮对学生的误导，唯有实现理论与实际的辩证统一，才能有效地对学生的价值观念加以引导。

## （三）增强大学生的情感体验

情绪是思想道德认识转化为行为的催化剂，其作为一种非智力因素是人的思想品德最终形成的重要环节。实践教学给大学生提供了一个更为形象和生动的学习情境，通过教学情境的渲染、教学内容的感染和学生的共鸣，可以有效地增强大学生的情感体验。

第一，思想政治理论课实践教学情境具有渲染力。有别于直接灌输的思想政治课，实践教学把教学寓于具体且生动的情景中，促使学生在自我教育、自我探究的过程中，潜移默化地激发自己的情感体验。

第二，思想政治理论课实践教学内容具有感染力。在实践教学下，思想政治课程教学内容不再是抽象的、系统化的理论，而是具体的、生动的生活实际，是一种生动形象的具体实践对象，更接近学生的实际，具有感染力。

第三，在实践教学中更容易引起学生的共鸣。思想政治理论课实践教学以教师为导向，突出大学生的自我教育，通过活动过程中的情境、参与引起大学生的情感共鸣，进而升华为深刻的爱国主义情感、社会责任感、历史使命感等。

## （四）锻炼大学生的实践能力

人的实践能力的提升可以促进大学生对于理论知识的掌握和道德观念的外化。通过思想政治理论课实践教学，大学生对于问题的分析和解决能力可以得到提升，同时社交能力、组织能力等也可以得到发展，这有助于大学生对马克思主义理论和实践的把握，能够促使思想政治理论课实践教学目标的达成。

一方面，思想政治理论课实践教学的开展重在凸显大学生的能动性和创造性。在这一过程中，学生在教师的引导下运用已经学习的理论自主地分析和解决问题，可以提高分析和解决问题的能力。另一方面，思想政治理论课实践教学实现了师生、生生之间的深刻互动，学生的社交能力得到发展。同时，实践教学也是一个系统性、复杂性的教学过程，每一环节的有效开展既离不开教师的组织和管理，也使学生的组织能力得到极大锻炼。此外，思想政治理论课实践教学不同形式的开展也在一定程度上丰富了学生各方面的实践能力。

思想政治理论课实践教学过程本身就是一个学生亲身实践的过程。在这一过程中学生不是单一地、被动地接受，而是需要充分调动自己的各方面能力真正完成教学要求，达到教学效果。因此，这一过程也是一个锻炼大学生实践能力的过程。

## 第二节　高校思想政治理论课实践教学的常规模式

### 一、课堂实践教学模式

所谓的课堂实践教学模式，即基于课堂讲授，以深化学生认知为目的所形成的实践教学模式。此种方式有几个主要特征：自主学习、自我体验、自主思考、自我提高。学生通过实践教学，对思维材料进行获取，可以更为深入地了解、运用基本理论，从而不断提升学习能力、思维能力和实际运用能力。这是思想政治理论课实践教学的“第一课堂”。此模式形式较为丰富，有专题讲座、课堂讨论、课堂演讲、专题辩论、案例教学等，是我国高校思想政治理论课实践教学中采用非常广泛的一种模式。采用此种模式，能对学生的实践进行突出，从而突出其主体地位，使其主体作用得到充分发挥。

范例教学模式是课堂实践教学中运用最多的一种教学模式。所谓范例教学，又可称示范方式教学、范例性教学、范例教育等，就是通过典型范例，使学生掌握从具体到一般、从特殊到普遍的规律性的知识和方法，以发展学生独立学习、独立解决问题能力的教学。范例教学是从范例这一角度来建立的一套既传授知识又发展能力的教学论体系，主要是针对传统教学中内容烦琐、庞杂、脱离时代发展需要和学生身心发展需求的实际而提出的。从教学目标来看，范例教学试图改变传统教学中学生处于被动状态的弊端，主张学生既要学习知识，又要通过知识的学习来培养自己的能力，让旧知识能产生新知识，让知识转化为行动；在教学内容上，范例教学强调了知识的基础性和典范性；从教学策略上，范例教学要求教师进一步提升自己的教学能力，尤其要求教师要精心地备课。基于此，范例教学为思想政治理论课的教学提供了新的思路。

首先，是对于教学目标认识的提升。当前，在高校思想政治理论课的教学过程中，学生往往学习兴趣不高，教师在教学中也是百般无奈。之所以出现这样的局面，主要原因就在于师生对于教学目标理解的不一致、不准确。学生认为，学习思想政治理论课是国家控制意识形态的需要，是一种官方的说教；而教师则更多地认为是传授知识的需要，没有上升到培养能力的高度。如果能让思想政治理论课的教学目标定位更高一些，让学生通过这些课程的学习，不但能学到一些重要的理论知识，而且能通过这些理论知识去培养自己的能力，如独立判断能力、自学能力、行动能力等，则学生的兴趣、自觉性、积极性就会更高，教学效果也会更佳。

其次，是对于教学内容的研究。思想政治理论课的教学内容大多与学生的思想、心理、生活实践密切相关，如《思想道德修养与法律基础》课程关系到学生心理、道德、法律方面的学习与提高；《马克思主义基本原理概论》课程则与学生的世界观、方法论等密切相关。因此，对于教学内容的设计，教师如果能够很好地达到范例教学的基本性、基础性、范例性这三个标准，侧重于对基本概念、基本理论的分析，紧密围绕学生的思想、心理和生活实践，精心选择典型事例，让学生做到举一反三、融会贯通、灵活运用，则教学效果必然良好。

最后，是对于教师的教学准备问题。范例教学对高校思想政治理论课教学的最大启示就在于教师的教学准备。范例教学下的教学准备具体来说就是，既要分析教材，也要分析教师、学生，还要分析教学方法和策略。如果教师在思想政治理论课程的备课中能够按照范例教学的备课要求认真备课，做到备自己、备学生、备教材，设计适当的教学手段，让学生充分认识该课程对个人前途的影响和价值，充分调动学生的学习积极性，让学生将该门课程的学习内化为自己的行为，则这样的教学效果必然取得成功。

## 二、校园实践教学模式

校园实践教学模式即除传统的课堂教学之外，在校园内所开展的一种实践活动。此种模式在教学活动中属于“第二课堂”。此种教学模式包括了形式多样、内容丰富的各种活动，可以使学生在切身参与中实现自我教育，从而形成良好的思想品质。

此种教学模式要求教师对教学方案进行精心设计，并选择适当的地点和准备充分的内容，采用活动的方式来开展教育，将校园文化活动、社团活动通过特定的规划与设计，与思想政治教育挂钩，从而实现素质教育。采用此种教学模式开展实践活动，能有效结合学生的特征和课堂的优势，从而不断挖掘学生的潜力、培养学生的学习兴趣、提高学生的综合素质，进而使学生更好地应用知识和创新知识。然而，在很长一段时间内，高校思想政治理论课教学多流于形式，并未将二者有效衔接起来，没有利用好校园实践教学的模式。

## 三、社会实践教学模式

高校思想政治理论课教师依照国家的相关要求，制定一些与实际生活有关的课题，学生可以根据自己的兴趣或知识能力选择不同的课题，并采用合适的方法进入社会，亲身经历各种社会实践，从而获得体验，有所认识，这种实践教育方式被称为社会实践教学模式。这一教学活动也被称为“第三课堂”。通常情况下，这种教学活动要在校外开展，其涉及的课题会与我国的各类热点问题有密切的关系，不仅能够让大学生切身参与社会实践，使他们了解当地的经济发展情况，还能使各项教育资源得到最大化的利用，对于提高思想政治理论课的教学水平和质量有重要作用。社会实践教学活动包括许多内容，如学生参加的调研活动、各类参观活动、学生实践活动、寒暑期社会实践活动为依托的社会调查活动、志愿活动等。在这些活动当中，实践教学基地中开展的调查活动是依照学校制订的教学计划进行的。这种教学活动每个学期都会安排一些，日常是由校内教师带领大家进行的，而在寒暑假，则要学生们自己通过实践去完成。

让学生在社会中学习知识，可以使他们改变自己的思想，获得更多的感悟，体会到不同课程的重要意义，进而感受到文明成果给社会带来的巨大作用，提升他们的民族自信心和自豪感，让他们拥有良好的思想道德品质，认识到事物的本质规律，同时提高实践能力。不过，这种模式虽然作为可行的实践模式被提出，但也因不受重视、教学经费少、组织无序等并没有在各高校真正实现。

## 四、“第四课堂”实践教学模式

思想政治理论课实践教学的形式是丰富多彩的，在不同的情况下应采取不同的形式；同时，教师也应根据具体的教学实际，不断创新思想政治理论课实践教学模式。“第四课堂”实践教学模式是适应新形势发展的要求应运而生的，它更加注重学生的自我教育能力，是一种以自我教育的形式对学生开展德育教育的实践活动，在高校思想政治理论课教学中发挥着越来越重要的作用。

中共中央在《关于进一步加强和改进学校德育工作的若干意见》中明确指出：“德育工作要把关心学生的学习、生活相结合；培养学生自我教育、自我管理、自我服务、自我约束的能力。”为了拓宽思想政治理论课实践教学渠道，我们应该开辟另外一个实践的空间，也就是大学生生活实践平台，也就是所谓的“第四课堂”，并充分利用这一课堂引导学生进行自我教育，不断培养、提高其自我教育的能力。

所谓“第四课堂”，就是除去“第一课堂”“第二课堂”“第三课堂”，占有学生大部分时间的，与同学、朋友、家人交往，与社会广泛接触的自由生活空间。因为学生们课堂以外的生活占了一天的三分之二，所以这段时间就是学生们与他人交往、与社会接触的实践平台，也是我们培养学生自我教育能力的最佳天然平台。

以自我教育形式开展的德育实践活动是大学生乐于参与且教育效果显著的实践活动，同时与学生现实生活密切结合的实践活动也是德育知识内化必不可少的环节。在实践活动中，我们应注意以下几个方面。

①根据思想政治理论课的要求，关注和引导学生的日常生活。可以按照思想政治理论课的内容给学生布置特殊的思想政治理论课作业，让学生回到实际生活中去发现问题、思考问题，并用思想政治理论课的知识去分析、判断和解决问题，提出自己的意见和建议。

②组建大学生校园自律督导组织，达到促进学生自我教育的目的。大学生同处于一个年龄层次，认知水平相近，生活内容相仿，互相之间的交流、监督、帮助最容易被接受。大学生校园自律督导活动就是在教师的指导下，将大学生以一定的形式组织起来，以大学生自律督导队为活动载体，深入校园周边场所、教学区、学生宿舍区、公共区域，依据社会主义道德规范、《公民道德建设实施纲要》、学生行为规范、校规校纪等条规，以学生自我管理为手段，对学生的日常言行进行检查、督促、引导，设立自律督导专栏，宣传表扬好人好事，公布个别不良言行和改正结果。通过学生之间的这种批评与自我教育，督促和被督促双方都能得到提高，从而学会如何做人、如何做事。通过大学生的自我监督、自我约束、自我管理、自我教育的道德实践活动，可以使思想政治理论课教育内容内化为学生自觉的价值追求和行动，从而达到不断自我完善的目的。

③加强学生宿舍制度建设，丰富宿舍文化生活。宿舍作为学生们日常生活的主要地方，对大学生的思想、学习、心理、行为等有着深远的影响。要加强宿舍规章制度、行为准则、管理条例、奖惩制度的建立和完善，并将成文张贴在每栋宿舍楼最显眼的位置。要抓好宿舍管理队伍的建设，将平时的宿舍管理、服务工作贴近学生的生活、贴近学生的思想、贴近学生的实际，并与学生自律督导组织有机结合，让宿舍的管理规章制度真正落到实处，有效地管理育人。还可以在宿舍中定期开展“文明寝室”的评选活动，不仅对宿舍整洁情况进行评选，还要对宿舍成员日常行为规范、文明礼貌以及成员间相互关心、爱护和帮助的情况进行评选，真正带动宿舍的文化建设。还可以开展类似“我看时事”“评电影”“品故事”“驴友心得”“我的博客”等在当代大学生中更为潮流的活动，使这些积

极向上、颇具现代感的文化生活进入学生们的文化盛宴，从而使学生们获取积极向上的精神动力。

## 五、网络实践教学模式

网络实践教学模式，又称虚拟实践教学模式，是适应计算机网络信息技术的快速发展而产生的一种实践教学的新模式。为提高思想政治理论课教学的实效性，教育工作者应充分利用网络，积极构筑网络实践教学模式。

### （一）高校思想政治理论课网络实践教学模式的内涵

网络实践教学模式，是思想政治理论课实践教学的一种有效教学途径，它是以学生为中心，以网络为教学载体，以全面实现教学目标和确保教学体系完整为重心的实践教学方法。它将计算机信息技术较好地融入思想政治理论课的实践教学，是在对思想政治理论课教学的方法、内容、过程等进行重新构建的基础上形成的。这种实践教学方法，有助于充分发挥课堂教学和网络教学的各自优势，全面提升思想政治理论课教学的效果与质量。

1. 时效性和广泛性

网络实践教学中，教师向学生呈现的内容不仅仅是教材上的相关内容，还有各种多媒体教学的素材、学习工具软件、网络教学课件等。这就使得原本枯燥的书本知识变成了一个集图片、声音、文字、动画、视频等要素为一体的海量信息库，并以更加生动、立体化的方式呈现在学生面前，易于激发绝大多数学生学习的积极性、主动性和创造性。同时，思想政治理论课教师可以根据教学的目标与要求，及时地整合、更新和完善各种教育资源，从而使思想政治理论课网络实践教学的内容能够与时俱进，充满强烈的时代感，体现其时效性和广泛性。

2. 开放性和互动性

网络实践教学中，由于网络具有共享性和虚拟性，高校思想政治理论课教学开始由“教师被动地讲、学生被动地学”这样一种教学上的静止状态向“师生互动交流”这样一种教学上的运动状态转变。从平面走向立体，拓展与延伸了网络实践教学的时间和空间，使得实践教学形式表现出开放性。在教学过程中，教师可以借助网络随时随地进行教学活动；在学习过程中，学生也可以在网络上自由地浏览自己喜欢的内容，发现问题也可随时与教师沟通交流，或与其他学生展开讨论。

3. 学生具有主体性

在思想政治理论课网络实践教学中，教师和学生在对网络资源的占有与获取方面是平等的，这样，师生之间的关系就发生了重大变化。教师由学生知识的灌输者转变为学生学习知识的指导者，而学生由知识的被动接受者转变为掌握知识的探索者，成为教学活动的主体和自主学习的中心。这种转变有利于激发学生的求知欲，从而推动思想政治理论课教学效果的提升。

4. 完整性和系统性

高校思想政治理论课网络实践教学模式不是一个分散化的、零碎的概念，它在整个教学过程中既注重教学方法、教学内容，又注重教学过程及其结果，是一个紧密相连、不可分割的有机整体。因此，网络实践教学是一种完整的、系统的教学方法。

## （二）高校思想政治理论课网络实践模式构建途径

网络世界独有的虚拟性使得进入网络世界的人们一方面可以及时、便捷地获得所需要的信息，另一方面也可以在这样一个虚幻的世界中麻醉自己、放纵自己，甚至为所欲为。网络是一把双刃剑，作为一项先进的技术手段，它可以在思想政治教育过程中发挥积极的作用，也可以在其中发挥消极的作用。如何充分利用网络优势，强化网络思想政治教育的积极效应，克服网络的消极影响，这是摆在高校思想政治工作者面前的一项重要任务。

1. 利用校园网，建好思想政治教育网站，引导学生上网

思想政治理论课教育教学网站是由网络课件、教学案例、多媒体教学素材库、习题、视频、网上论坛等不同模块构成的。在建设思想政治理论课网络实践教学平台的过程中，马克思主义的基本理论资料，时事政策，社会上及校园内的先进人物、先进事迹都应放到网上去，供大家及时了解、学习；还可以将思想政治理论课的思考题、推荐书目等放到网上，便于大家方便、快捷地获取信息。同时，教师还应及时教会学生如何打开并运用网络实践教学平台，为高水平地使用这一平台创造良好的条件。

2. 构建现代、人性化的师生网络互动平台

现代化的网络互动平台可以吸引学生的眼球，增加网页的点击率；人性化的网络互动平台可以有效地利用网络的虚拟性和匿名性，畅通思想政治理论课教师与学生交流思想的渠道，便于教师及时掌握学生思想动态，及时解答学生提出的

疑惑，有利于引导学生形成正确的思维方法。为此，建立这种网络互动平台时，我们应将思想政治理论课的各门课程都纳入进来，具体内容涉及各个方面，同时这些内容应该选取现实生活中典型、鲜活的素材，并随着时代社会的发展变化不断更新。

3. 提升思想政治理论课网络实践教学的安全性

网络信息技术不仅有独特的优势，而且还具有不可避免的缺陷。比如，网络具有不可控性，各种信息纷繁复杂、良莠不齐，很容易引起当代大学生价值观念的多元化，给思想政治教育带来不必要的麻烦；另外，网络具有的无序性又会使得一些大学生的网络行为出现不健康的表现。

因此，一方面，我们要积极引导大学生树立良好的网络道德，正确使用网络资源，明辨是非，不断增强网络安全意识；另一方面，相关部门要加强网络管理部门职能，运用先进的技术手段，严密监控进入校园网内的信息，最大限度地防止有害信息进入校园网，使校园网最大限度地保持“洁净”。

## 六、综合性实践教学模式

综合性模块化的思想政治理论课实践教学是“完善实践教学制度”的一种尝试，是大学思想政治实践教学的一种实现模式，是为了整合和打通思想政治理论课教学实践而系统设计和应用的实践教学新模式。其核心要素就是在大学教学计划中，单独设立两个学分的思想政治理论实践课。“综合性”指思想政治实践教学课程的内容特点。它不再是针对某门思想政治理论课的具体知识点来联系实际进行的体验性、验证性或探索性实践，而是根据整个思想政治理论课在大学本科阶段的基本目标和教学要求，设计打通几门基本的思想政治理论课教学内容，围绕实践育人这个核心而设计的、旨在提升学生综合能力的实践。“模块化”指思想政治实践课的具体实现方式。思想政治理论课实践教学列入教学计划后，属于必修课程。为了提高综合性思想政治课实践教学的效果，有必要通过不同的形式，以不同的方式方法，在不同的空间场域展开教学，这就需要设计不同的教学模块。

综合性实践教学模式有六种模块，包括“校内调研”模块、“社会热点研究”模块、“读书会”模块、“农村调研”模块、“新媒体公益”模块、“校友访谈”模块。

“校内调研”模块通过组织学生学习本校历史，传承学校精神，把个人发展、学校发展与国家发展、社会进步结合起来。在校园内开展调查研究，可以使大学生认识大学生活基本特点，适应并反思大学生活，提高道德修养、法律素质和人文情怀。校内调研的成果既要为学校从整体上把握本校大学生基本状况提供数据性的参考，也要为本学院教师的教学科研提供素材性的资源。

“社会热点研究”模块通过互联网、研究问卷等形式开展研究，使大学生逐步形成关注社会、了解民生的习惯，并能够透过热点问题，举一反三，不断提高自己分析问题、研究问题、解决问题的能力。其在价值观的提升上可产生积极作用。

“读书会”模块通过引导和组织学生课外阅读经典名篇，巩固、强化和延伸教师课堂讲授的内容可以形成阅读、分享、争鸣的良好氛围，促进学风建设。“读书会”的实践教学不仅可以拓宽大学生理论的深度和广度，而且有助于提升学生的政治素养与思维水平。

“农村调研”模块旨在通过组织指导学生适当参与农村的生产，了解农村的生活，调查目前农村的热点问题与核心问题，探寻中国农村问题的解决方案和未来发展趋向，使学生从感性与理性两个维度更为系统全面地了解和把握中国的农村问题，积极为当地发展献计献策，对其中某些方面形成自己新的见解，提升理论与实践相结合的能力，提高服务社会意识，促进当地社会发展。

“新媒体公益”模块应结合学生专业特长，组织学生深入消化、凝练课堂研习的马克思主义理论成果，引导学生将理论知识代入现实生活。大学生可以通过对校园内外真实现象的观察、思考、提炼，以公益为突破口，以新媒体做载体，创作导向正确、内容鲜活、传播广泛的网络微作品。基于此，该模块则可以创新网络思想政治教育，丰富优秀网络文化产品供给，促进校园网络文化建设，提升师生网络文明素养，营造清朗网络空间。

“校友访谈”模块通过对本校知名校友的深度访谈，了解其在大学期间的成长经历、求职路上的经历、职场上的奋斗历程等，可以深入了解大学教育，特别是思想政治理论课教育在其成长历程中的作用。这既为提高大学思想政治理论课的教学实效提供了重要的素材，也是对采访者本身进行了一次很好的人生观、价值观教育。

综合性实践教学课程实际上是从另一个侧面对课堂教学的重要补充，因此，教学方法必然有较大的差异。思想政治理论课实践教学应当采用新的视角，切实从学生的成长出发，面向学生的生活世界，直面学生的生活实践，发挥学生在实践育人中的自我教育、自我管理、自我服务作用，解决学生的成长困惑，提升他们的思想政治水平、德性修养、思维能力、综合素质。

# 第三节　高校思想政治理论课实践教学模式的创新探索

## 一、实践教学模式创新的长远思路

### （一）提高大学生人文精神

高校思想政治理论课实践教学的目的与专业课实践教学截然不同，不是为了培养大学生的某项具体技能，而是要培养大学生健全的人格，正确的世界观、人生观、价值观，并在此基础上理论联系实际，让大学生用所学的方法论解决实际问题，形成独立思考的能力。当然，高校思想政治理论课实践教学的作用不能只限于此，还应有更深层次、更广范围的作用，即提高学生的人文素质，弘扬高校的人文精神。

首先，当今世界科学的发展给人们带来的变化与日俱增，人们可以充分感受到这种改变所带来的方便快捷。但爱因斯坦曾说："科学是一种强有力的工具，怎样用它，究竟是给人带来幸福还是灾难，全取决于人自己。"科技作为改变客观世界的途径，受到人们的追捧和青睐。但是，这并不意味着我们要为了科技的发展进步抛开一切，孤注一掷。科技并不是改变世界的唯一方式方法，我们还需要强调人文精神的不可或缺性，利用传统文化和舆论道德来进行约束。只有实现"双管齐下""两手落实"的理念，才能保证科技发展的基本方向不出现大偏差。这些都要求大学生不仅要认真学习专业科学知识，更要具有深厚的人文精神去引导自己全面发展。

其次，大学阶段是学生特有的"思想发育"的季节，每个大学生都有权要求所在大学设置有关"精神营养"的课程。因此，作为大学生"精神营养"的思想政治理论课，能够提高大学生的人文素质，也能不断提升高校的人文精神。

最后，高校思想政治理论课实践教学的作用不仅仅是帮助大学生对相关理论进行认识和消化，还可以帮助大学生将理论内化于心、外观与形，从而成为国家的高素质人才。当前，大学生在我国人口比例中不算高，但每年毕业的大学生都会走向社会，立足特定的工作岗位，成为某个领域的骨干精英、国家的栋梁。他们在大学时期形成的独立思想、丰厚学识、乐观积极的人生态度、强烈的社会责任感等都会对国家和社会的发展产生举足轻重的作用。

## （二）建立有效的思想理念

1. 加强制度建设

虽然国家已在各种重要文件中对实践教学做出要求，各高校也都在响应号召，积极进行实践教学改革。但是，不少学校在开展思想政治理论课实践教学的过程中是存在很多问题的。例如，有些高校采用课堂实践教学的模式，任课教师通常在授课课堂上给学生布置社会问题调查报告，而很多学生是没有时间和条件真正进行相关社会调查的，所以只能应付抄袭或网上下载，任课老师最终也只是给个分数了事。因此，高校首先要加强制度建设，确保思想政治理论课实践教学常规化，实践教学模式才有创新的源泉。

2. 建立保障机制

思想政治教育实践作为实践教学中非常重要的一个环节，影响着实践教学的有效开展，是一项科学性、政治性、政策性非常强的工作。因而，实践教学的有效开展还需要建立相关的保障机制。

①坚决执行考核规定。思想政治实践活动中所涉及的教学质量、教学目标、教学手段等，都依赖于完善的考核评比制度。所以，建立一套公平合理的考核制度，有利于调动教师和学生的积极性，不断提高教学水平，逐渐促进学校综合实力的提高。高校应按照统一标准进行相关考核，考核原则是学生必须将所学理论知识与实践结合起来，力求全面，可以是有关课程的论文，也可以是有关问题的调查报告。实践教学的指导教师要负责评定学生的考核成绩，并将最终形成的思想政治理论课实践教学课的成绩录入学生考试成绩系统，反映在学生的学习成绩档案中。同时要挑选出优秀的论文、报告进行表彰并汇编成教学资源保存。

②认真地组织。在思想政治理论课实践教学中，要调动学校每一个部门积极参与，加强组织管理能力。比如，思想政治部的教师负责实践课调研题目的遴选、指导教师的选配、实践教学基地的联系等工作。学校管理负责团队、教学核心小组、学生办公室等也都需要积极调动起来，共同促进教育实践活动顺利开展。

③确保相应教育教学费用。资金的保障性投入是教学实践最基本的保证，也是教育活动顺利开展的又一个重要因素。要想实践教学普及每个学生，要想每位任课教师都全身心投入教育实践活动，学校必须保证教育资金的稳定落实。

3. 确保实践区域的稳定发展

高校思想政治理论课实践教学长效化、规范化发展除了制度的保证，还需要建立自己特有的“码头”，即在校外要保证实践区域的平稳发展。只有确定了稳定的实践区域，实践教学的场所才能得到保证，实践教学的时间、内容也就都能保证。

各高校实践教学基地建设应该根据实际课程确定。要充分利用地方优势资源，如可在具有历史意义、现实意义、教育意义、先进意义的单位，建立若干相对稳定的教育实践基地，确保强大后援力量。基地实践教学指的是指导教师先给学生讲授一定的理论内容，然后根据理论内容的要求，给学生布置相关任务，组织学生去基地实地考察，这些稳定的实践基地可以提供鲜活生动、真实直观的案例，使学生在实践基地的现场内化思想政治理论教化。通过实地考察、学习、实践，学生可以了解国家历史文化、国家方针政策、城市及农村的发展状态，进而可以认清历史使命，担负起国家社会发展的重任。同时，学校也可以为实践基地单位提供优秀的毕业生和相关科研服务，形成双方共赢的合作关系。总之，基地的实践教学，形式生动灵活、内容丰富实在，能够促使大学生思想道德知行统一。

## 二、高校思想政治理论课实践教学模式创新对策

### （一）优化现有实践教学模式

思想政治理论课实践教学模式是一种类型化、典型化、实践化和应用化的教学方式，是通过思想政治理论课实践教学环境得以表现的。因此，任何一种实践教学模式都必须具备以上特征。但综观现有实践教学模式就会发现，很多正在被高校推广运行的模式是存在问题的，如部分高校虽然开展了集中式的社会实践教学模式，但学生的参与率很低；还有一些高校普遍采用课堂实践教学模式，但真正能够利用此模式将学生的积极性、主动性调动起来的不多；还有的高校采用校园实践教学模式，可是往往进行到最后和教学没有了任何关系。鉴于以上情况，思想政治理论课实践教学模式的创新不应简单地追求新的实践教学模式的增加，更应该着眼于在现有模式的基础上不断优化，使已有的教学模式在质量上得到提升。

课堂实践教学模式应以课堂实践带动课堂教学。课堂实践教学的形式众多，有演讲、讨论、讲座等，任课教师在课堂实践教学中应根据教学内容结合学生特点、教学条件等要素来设计实践教学方案。组织教学中，教师要积极鼓励学生，启发学生，充分利用各种教学设备、教学手段来激发学生的兴趣，充分发挥主导作用，这样就可以实现教的实践性和学的实践性的契合。

校园实践教学模式要以校园实践延伸课堂教学。这种模式虽然是在课堂之外、校园之内开展的各种实践活动，但它必须列入教学计划，教师必须提出明确的要

求，且要有相应的考核形式。要让同学们广泛参与进去，亲力亲为进行自我教育，从而提高他们的道德修养，锻炼他们的各项才能。

社会集中实践模式应与分散实践结合起来。集中实践指的是统一组织学生进行社会实践，实践教学的场所都是确定的，如参观考察、“三下乡”活动等。这种模式有利于大学生了解国情、民情，陶冶学生的爱国情操，培养学生的主人翁精神，并且拥有说服感染性、简明扼要等特点。但高校思想政治理论课涉及全校的学生,人数太多,而且经费负担较重,因而高校要考虑将其与分散实践结合起来。分散实践,是指利用课余时间或寒暑假由专门的指导老师组织学生进行社会服务、志愿者活动、走访调查等活动。这种模式比较灵活，可行性高、覆盖面大，而且经费支出少，效果非常明显。通过这些活动，可以拓展学生很多方面的认知，培养他们吃苦耐劳的品质，增强他们服务社会的主动性，进而提高他们的综合素质。

### （二）整合现有实践教学的各种资源

随着思想政治理论课实践教学逐渐被重视，教育资源在教育教学活动中的作用也日益凸显。教学资源利用的充分与否在很大程度上影响着实践教学的教学效果，各种资源的优势、特点发挥得越全面越充分，实践教学的模式就会不断创新。在高校实际的实践教学活动中，能够利用的教学资源要素是有限的，各高校近年来在实践教学资源的开发、整合利用方面取得了非常显著的成绩，如实践教学基地的开发、利用，校园文化资源的开发，学生主体资源的开发利用等。但是，我们也看到了实践教学资源的开发整合还是不够充分合理，无形之中就浪费了很多教学资源。因此，我们可以从以下几个方面进行优化整合。

首先，从时间资源上，可以利用课余时间、节假日组织大学生到学校附近的高校观摩教学、组织专题考察、调查等活动，也可以利用寒暑假组织学生到企事业单位、革命老区参与实践锻炼，力争做到日常教学与假期活动的有机结合。其次，从空间资源上，可以利用高校内的图书馆、活动中心、校史室、多媒体中心等教学辅助场所，这些场所可以提供丰富的文本影像资源。除此之外，学校内还有丰富多彩的校园文化，如校园文化艺术、社团活动、专题讲座等，这些校园文化对于高校来说犹如“灵魂”，是高校人文精神的载体和表现，辐射面和影响力都是最为广泛的。充分利用好这些校内实践性资源能够使学生的综合素质在潜移默化中得到提高和升华。可以整合利用的校外资源包括各种历史文化遗迹、革命老区旧迹和蕴含着丰富文化涵的自然景观与人文景观等，高校可以组织大学生通过实地参观考察、调查访问形式走出校门，将课堂所学的理论知识运用到实际生活中，切身体验改革开放以来我国在现代化进程中所取得的重要成就，进一步坚定自身的马克思主义信仰和信念。这样一来，在无形之中思想政治理论课的育人功能就得以体现出来，而且在整合利用这些资源的同时可以根据不同资源优势，积极探索出全新的课堂模式，展开思想政治理论课教学新思路，使教育活动真正考虑到学生的需求。

网络由于其便捷性、及时性、匿名性、开放性等特点和其在大学生中的广泛影响，成为高校重点开发的实践教学资源。因为开发整合网络实践教学资源成本低且受学生的欢迎，而且教学效果显著，因而，全方位将网络资源建设利用到实际教学课堂中会是思想政治理论课实践教学工作进行的主流趋势。但要研究出易于操作的模式，实践教学的教学效果才会明显。

# 第五章　高校思想政治理论课实践教学方法探析

在高校思想政治理论课实践教学中，要想充分发挥高校思想政治实践教学的育人功能，必须努力探索和创新实践教学方法。本章分为高校思想政治理论课实践教学方法的发展历程，高校思想政治理论课实践教学方法的影响因素两部分，主要内容包括高校思想政治理论课实践教学方法发展的五个时期，影响高校思想政治理论课实践教学方法的因素，等方面。

## 第一节　高校思想政治理论课教学方法的发展历程

### 一、倡导理论与实际相结合的教学方法时期

20世纪50年代，中国的发展刚刚起步，各行各业百废待兴。在这样的形势下，党和政府依然没有放松对青年学生的马克思主义理论教育的重视，并把在高等院校开设讲授马克思主义理论课的工作提上了日程。

1950年，教育部针对当时高等学校政治理论课的教学现状召开了一次会议。会议详细分析了当时政治理论课面临的形势，明确提出了政治理论课教学的新标准和新要求，即在政治理论课教学中坚持实事求是的教学方法，也就是坚持理论与实际相结合的教学方法。在运用实事求是的教学方法的过程中，要注重对学生的启发，教师要通过提出启发性的问题，引导学生运用所学知识，分析、讨论关于这个问题的不同思想，辨别出真伪，明辨是非，在启发式教学的过程中让改变思想和理论学习相结合，共同促成政治理论课教学的最终目标。

1956年，考试评分脱离学生实际政治理论学习成绩的现象较为突出，这促使了教育部发布了《关于高等学校政治理论课考试评分问题的意见》。“确定正

确的评分标准，实事求是地衡量学生政治理论课的学习成绩”成为这个文件的主题。在这份文件中还提出了学习马列主义理论的最终目的，也就是引导学生把握马克思主义理论的精髓，不仅要知其然，也要知其所以然，改造学生的思想，培养学生运用这些思想分析和解决实际问题的能力。因此，政治理论课的考试方法也不能忽视，它和学习方法同样重要，都必须坚持实事求是的原则。

## 二、由注入式教学方法向启发式教学方法转变的时期

在这个时期，高校思想政治课教学方法的发展仍在继续。根据时代的发展变化，思想政治课教学方法在继承前一个阶段经验的基础上又有所发展。这一时期，思想政治课教学方法在倡导理论与实际相结合的基础上，还突出启发式教学。

这个时期教学方法的改革与发展具有以下两个特点：一是坚持理论与实际相结合的原则；二是废止注入式，坚持启发式教学。在实际过程中，二者关系密切，相互交融，呈现出“你中有我，我中有你”的状态。坚持理论与实际相结合的原则就是在坚持启发式的教学方法，同样，坚持启发式的教学方法也就是坚持理论与实际相结合的原则。

## 三、思想政治理论课教学方法的探索时期

1980 年 7 月 7 日，教育部正式印发《改进和加强高等学校马列主义课的试行办法》。此文件明确了马列主义课教学的原则和方针，主张“教师应该努力提高讲授水平，随时了解学生的学习和思想情况，改进教学方法，引导学生积极学习”。

1984 年 9 月 4 日，中宣部、教育部印发的《关于加强和改进高等院校马列主义理论教育的若干规定》对马列主义课教学方法提出明确指导意见。该文件提出，“要大力改进教学方法，实行启发式教学，培养学生的独立思考能力，把教学变为师生一起运用马列主义的立场、观点、方法研究和讨论问题的过程，坚决克服‘注入式’的教学方法”。文件提出的启发式教学法，奠定了新时期马列主义课教学方法的基础。启发式教学方法是与注入式、灌输式教学方法相对应的教学方法，它更好地体现了马列主义课的教学特点，是马列主义课教学的基本方法。因此，在后来的文件中，启发式教学方法成为马列主义课教学的根本方法。

1991 年 8 月 3 日，国家教育委员会发布《关于加强和改进高等学校马克思主义理论教育的若干意见》。文件提出，“加强教学中的各个环节，努力改进教

学方法，是提高教学效果的重要途径”。它从课堂教学方法的原则和要求、课堂教学方法的示范与推广、课外指导的具体规定、课堂教学规模、社会实践活动的要求、教学手段现代化和利用现代化教学手段开展电化教学以及考试和考核方法的要求等，对马克思主义理论课教学方法进行了明确规定，既对马克思主义理论课教学方法提出要求、进行指导，也可以看成本阶段马克思主义理论课教学方法的集中总结。

## 四、马克思主义理论与思想品德课教学方法全面发展时期

以 1994 年 8 月 31 日发布的《中共中央关于进一步加强和改进学校德育工作的若干意见》为标志，思想政治理论课教学方法的发展进入一个新的历史阶段。该文件明确指出：“学校政治理论课和思想品德课是系统地对学生进行马克思主义理论教育和品德教育的主渠道和基本环节，要重点进行教学内容和方法的改革。”至此，高等学校思想政治理论课教学方法的探索进入马克思主义理论课与思想品德课教学方法的探索阶段。

1995 年 10 月 24 日，国家教育委员会印发的《关于高校马克思主义理论课和思想品德课教学改革的若干意见》正式以文件形式，将马克思主义理论课与思想品德课并列，并简称“两课”，从整体上对“两课”教学方法进行设计。文件提出：“要努力改进教学方法，积极探索在新形势下有效进行思想理论教育的新形式和新途径。”此文件既继承了前一阶段教学方法的特点和要求，又在新的形势下对“两课”教学方法提出新要求。

1998 年 6 月，中共中央宣传部、教育部发布了《关于普通高等学校“两课”课程设置的规定及其实施工作的意见》（简称“98 方案”）。方案指出，要大力推动“两课”教学内容和教学方法的改革，认真贯彻理论联系实际和“学马列要精，要管用”的原则，全面反映中国实际和时代发展，积极采用多种方式和途径进行教学，着力提高“两课”的教学实效性。“98 方案”的实施，对提高大学生思想道德素质，维护高校和社会稳定方面发挥了不可替代的作用。

## 五、思想政治理论课教学方法的整体推进时期

2004 年 10 月 14 日，中共中央、国务院《关于进一步加强和改进大学生思想政治教育的意见》的发布，标志着思想政治理论课教学方法发展进入新阶段。该文件把马克思主义理论课和思想品德课统一为思想政治理论课，明确思想政治理论课在大学生思想政治教育的主渠道地位，要求思想政治理论课“要联系改革

开放和社会主义现代化建设的实际，联系大学生的思想实际，把传授知识与思想教育结合起来，把系统教学与专题教育结合起来，把理论武装与实践育人结合起来，切实改革教学内容，改进教学方法，改善教学手段”。

2005 年 2 月 7 日，中共中央宣传部、教育部发布《关于进一步加强和改进高等学校思想政治理论课的意见》。该文件不仅设置了思想政治理论课程新方案（简称“05 方案”），而且把思想政治理论课教学方法置于整体推进的大背景下进行方法改革和探索，进一步明确了教师在教学过程中的主导作用和学生的主体作用，提倡“启发式、参与式、研究式教学”。该方案要求“高等学校思想政治理论课所有课程都要加强实践环节”，提出改进和完善考试方法，“采取多种方式，综合考核学生对所学内容的理解和实际表现”。

2015 年 7 月 27 日，中共中央宣传部、教育部印发《普通高校思想政治理论课建设体系创新计划》。该计划加大了对广大思想政治理论课教师教学方法的实践探索总结提升力度，提出积极培育和推广优秀教学方法，建设理念科学、形式多样、管理有效的思想政治理论课课堂教学体系，从整体和全面对思想政治理论课教学方法进行推进。计划涉及统筹课堂教学、实践教学、网络教学建设的综合方法的试验基地建设；教学方法模式的总体探索；具体教学方法的择优推广；网络教学试点；教学方法改革信息库建设及教学方法的理论研究等方面，是新时代思想政治理论课方法改革的行动纲领。

2018 年 4 月 12 日，教育部印发《新时代高校思想政治理论课教学工作基本要求》。此文件既是新时代思想政治理论课建设的基本规范，同时也是新时代思想政治理论课建设的总体部署。文件对思想政治理论课教学方法提出明确要求：一是鼓励教师结合教学实际、针对学生思想和认知特点，形成行之有效的教学方法；二是进一步明确学生为主体、教师为主导的教学方法论原则，充分调动“教”和“学”两方面的积极性；三是充分重视实践教学在思想政治理论课教学方法中的作用，对实践教学方法提出明确要求和规定；四是对网络教学给予特别关注，积极推动教学手段现代化，推动传统教学方式和现代信息技术有机融合。

本阶段思想政治理论课教学方法在学科、课程、内容、方法、队伍建设、组织和管理等整体支持下，获得了全面进步和整体发展，方法理念、模式、教学过程和环节都发生了深刻变化，为新时代思想政治理论课创新发展奠定了坚定的基础。

# 第二节 高校思想政治理论课实践教学方法的影响因素

## 一、高校思想政治理论课实践教学方法概述

### （一）高校思想政治理论课实践教学方法的内涵

方法是人们在长期的实践活动和认识活动中形成、发展的关于人的自身活动的法则。高校思想政治课实践教学方法是思想政治课教师及其他相关人员在组织实施思想政治课实践教学活动中形成的工作方法，它是对实践教学活动内在规律的科学把握与自觉运用。首先，实践教学方法是服务于实践教学目的，为完成实践教学任务而采用的一种手段、途径和范式。不同的实践教学目的和任务会要求采用不同的实践教学方法。其次，实践教学方法是完成实践教学活动的中介因素，教育者和受教育者通过实践教学方法在实践教学活动中相互联系、相互作用。因此，实践教学方法要随着教育者和受教育者实际情况的变化而变化，尤其是要根据受教育者的特征确定相应的实践教学方法。在高校思想政治课实践教学活动中，实践教学方法的选用对提高实践教学活动的有效性和针对性具有重要意义。

### （二）高校思想政治理论课实践教学方法的特征

根据新时代中国经济社会发展的实际，各高校在思想政治理论课实践教学活动中形成了一系列实践教学方法。这些实践教学方法呈现出时代性、科学性、双向性、综合性等特征。

1. 时代性

高校思想政治理论课实践教学应体现马克思主义中国化的最新理论成果，并且要纳入实践教学计划、实践教学活动中。作为联结教育者和受教育者的实践教学方法，要充分考虑与时俱进的实践教学内容，使马克思主义中国化的最新理论成果在实践教学中潜移默化地进入学生的头脑。同时，作为受教育者的新时代青年大学生，其行为方式、思维方式、价值取向体现了时代特征，这就要求新时代思想政治理论课实践教学的内容要与时俱进，实践教学方法要符合新时代大学生的时代特征，以更好地吸引青年大学生积极参与实践教学活动。

2. 科学性

科学性是指实践教学方法要适应新时代高校思想政治理论教育教学规律，符合新时代大学生成长成才的规律。一方面，新时代中国特色社会主义建设实践对高校思想政治理论教育提出了新的要求，实践教学方法的选择要适应新时代思想品德形成发展规律，服从和服务于新时代中国政治、经济、文化、社会、生态等领域的发展规律；另一方面，新时代大学生的思维方式、行为方式、生活方式充满了时代气息，实践教学方法要符合大学生成长成才的规律，适应新时代大学生的特点，这样才能在实践教学过程中坚持科学性，体现规律性。

3. 双向性

实践教学方法是联结教育者和受教育者的纽带，是协调学校和相关社会机构开展实践教学活动的重要手段，呈现出较为明显的双向性特征。一是实践教学方法体现了教育者和受教育者平等互动、相互作用的新型关系；二是实践教学方法推动实践教学的有关社会机构与学校密切配合、双向互动。因此，实践教学方法的采用，应充分考虑新时代中国社会发展的需求，符合与实践教学有关的社会机构的实际，使教育者与受教育者、学校与有关社会机构在实践教学活动中相互作用、密切配合。

4. 综合性

实践教学方法是实现实践教学目标、完成实践教学任务的手段和工具，其选择受实践教学目标和任务的制约。实践教学的目标、任务总是通过一定的实践教学内容体现出来。因此，新时代高校思想政治理论课实践教学要围绕立德树人的根本任务，根据实践教学的目标和内容，选择能增强教学效果的教学方法。

习近平总书记指出："推动思想政治理论课改革创新，要不断增强思想政治课的思想性、理论性和亲和力、针对性。"人们的生活方式、生产方式和思维方式随着时代的变化而变化，因此，各高校必须根据新时代新要求，不断创新思想政治理论课实践教学方法。同时，新时代的科学研究成果不断丰富，高校在开展思想政治理论课实践教学过程中，要充分吸取和运用现代科技成果，不断丰富实践教学载体和手段，创新实践教学方法，以有效实现新时代思想政治理论课实践教学的目标。

随着信息技术和网络技术的广泛运用，新时代影响大学生思想的因素复杂且多样。为了有效缓解这些复杂因素的不利影响，高校在思想政治理论课实践教学的过程中，必须提出综合性的教学方法，以便更好地实现实践教学的目标。

## 二、高校思想政治理论课实践教学方法的影响因素

### （一）政策因素

本身具有鲜明的意识形态性和政治性的特点，同时它也是高校对大学生进行思想政治教育的主渠道、主阵地，承担着引导大学生依据国家、社会发展要求完成符合社会发展要求的政治社会化的使命和任务。时代的发展进步，带来了思想政治理论课所处环境的变化、学生需求的改变，以及思想政治理论课内容的与时俱进。政策是时代变化的集中反映和体现，思想政治理论课教学相关政策陆续的出台，为其建设提供了方向指引。从思想政治理论课实践教学方法发展的研究中，我们可以看出每一次思想政治理论课实践教学方法的发展都离不开政策的指引。每一阶段，思想政治理论课实践教学方法的发展总是在有关政策出台以后进行的，并形成每一阶段的独特之处。这里说的政策不仅仅是指国家层面上的，还包括学校层面上的，是多种层次政策的集合。

从国家层面来看，首先，政策影响着思想政治理论课实践教学方法发展的方向。思想政治理论课实践教学方法每次发展都开始于党和国家相关政策的发布。不同时期政策的颁布都是根据国家发展的新要求和国内外形势的新变化、高校发展的新情况、学生发展的新特点提出来的。思想政治理论课作为高校对大学生进行思想政治教育的主渠道、主阵地，其教学方法的发展也就离不开国家政策的方向指引。其次，政策影响着思想政治理论课实践教学方法发展的范围。党和国家针对思想政治课的变化发布的各项政策，为思想政治课的发展提供了一个发展的范围，在这个范围之内，思想政治课教师、学校管理者就可以根据实际情况，遵循教学规律，发挥主观能动性，按照既定的方向，对教学方法进行发展，形成新的独具特色的受学生喜爱的教学方法。

学校层面的政策，仅指与思想政治课相关的学校方面的政策，是学校根据国家发布的相关文件并结合本校的实际情况制定的。学校层面的政策制度，会对各个学校的思想政治理论课实践教学方法起一定的导向作用。

### （二）教材因素

在对思想政治理论课实践教学方法发展历程进行梳理的过程中，每个阶段国家形势和任务都会有所变化，这就使得思想政治理论课的教材具有了阶段性的特点，并影响着这一阶段教学方法的发展。鉴于思想政治理论课的意识形态性，在思想政治理论课教材的编写过程中，需要在充分考虑国家的形势、政策，关注大

学生需求变化的基础上，注重教材的科学性和逻辑性，同时不断地进行与时俱进的调整和完善。另外，教学方法服务于教材的讲授，具有针对性的特点，在一定程度上可以促进教师完成不同教学内容的传授和学生对不同教学内容的理解和认同，完成学生品德的提高。思想政治理论课教材就成为影响思想政治理论课教学方法发展的指引因素。教材对思想政治理论课实践教学方法发展的指引主要体现在两个方面。一方面，不同教学理念指引下会产生不同的教学体系。思想政治理论课教材的体系是同一的，但是由教材体系转化而来的教学体系会因教学理念的不同而出现差异。另一方面，教学理念的不同会带来师生关系、地位等的变化。

### （三）师生因素

思想政治理论课教师，是通过运用教学方法将思想政治理论课教学内容传授给学生，引导学生通过学习实现成长成才的主力军，是思想政治理论课实践教学活动的组织者和管理者，是思想政治理论课实践教学方法的实施者和主要评价者。在思想政治理论课实践教学方法发展的历程中，思想政治理论课教师会根据时代发展和学生进步的不同情况，按照政策提出的新要求和新标准，推进思想政治理论课教学方法的发展，实现思想政治理论课实践教学方法协助学生完成政治社会化的任务。因此，思想政治理论课教师是影响思想政治理论课实践教学方法发展的主导因素。

学生是教学方法使用的对象，学生对思想政治理论课的满意程度是教学方法是否得当的主要因素。从思想政治理论课实践教学方法的发展历程中，我们可以看出，学生既是思想政治理论课实践教学方法的适用对象，也是思想政治理论课实践教学方法发展必须要考虑的因素。时代不同，学生的成长发展环境就会不同，学生的现有知识结构也会不同，形成的需求也就会出现差异，这就为思想政治理论课实践教学方法的发展提出新的情况和要求。因此，学生是影响思想政治理论课实践教学方法发展的主要因素。

教学活动是师生之间在一定的政策环境和场域空间范围内围绕教学内容双向互动的过程，教学方法的发展离不开师生之间的双向互动。在教学活动中，相对于教学内容、教学手段、教学环境等“物”的因素，教师和学生是活动的主体。由于思想政治理论课教学内容的特殊性，在思想政治理论课学习过程中，学生在学习过程中的主体作用表现得更为充分。改革开放以来，在思想政治理论课实践教学方法的探索过程中，我们始终把发挥教师的主导作用和学生的主体作用结合起来。一方面，十分重视发挥教师的主导作用，不断提升教师在教学过程中的主导性，提升教师教学自信和对教学方法的把握；另一方面，始终把理论联系实际，关注大学生思想发展状况，回应学生关心的思想理论热点问题作为教学方法探索的基本原则和方针，鼓励和引导学生参与教学活动。可以说，思想政治理论课实践教学方法的发展正是在教师和学生的共同推动和参与下实现发展与创新的。

### （四）教学条件

教学条件，是思想政治理论课实践教学方法发展过程中发展者无法人为改变的客观因素，是诸多物质因素的总和，对思想政治理论课实践教学方法的发展提供手段支持。这里的教学条件，主要是指教学设备方面，新的教学设备的出现总会有与之相结合的教学方法的出现。虽然教学条件是发展过程中无法改变的客观因素，但人们可以根据教学设备以及教学方法本身的特性和规律，在一定基础上进行结合，发展出与时俱进的思想政治理论课实践教学方法。从思想政治理论课实践教学方法发展的研究中，我们可以看出，时代的发展水平和状况的不同，就会直接导致生产力发展水平的不同以及科技水平的差异。这些方面的不同，为思想政治理论课实践教学方法的发展带来了不同的教学条件，提供了不同程度的手段支持。

当前，随着社会经济的发展，科学技术日新月异，各种教学设备不断地出现。从以前的投影仪的出现，到多媒体的逐步普及，再到新媒体、网络教学平台的应用，教学方法不断与其融合，形成了多样的教学方法。但我们需要清醒地看到：思想政治理论课实践教学方法与教学设备的融合，并不是简单的“1+1”，而是在综合考虑的基础上的系统优化。可见，教学设备为思想政治理论课实践教学过程提供了条件和准备。

如今，发挥教学条件对思想政治理论课实践教学方法发展的手段支持的过程中，我们要以科学的态度对待教学设备，不能盲目地将现有的教学方法与不同的教学设备进行融合。要综合考虑教学内容的特点、教学环境的变化、学生的特点等方面的影响因素，灵活地使用教学设备，为教学方法的发展提供手段上的支持。

# 第六章　高校思想政治理论课实践教学的实践考察

思想政治理论课实践教学有效性的提升要求实践教学回归思想政治教育的本真状态，根植于时代的重大实践问题，对经济社会发展的现实问题予以关注和解答，同时以人的发展完善与社会全面进步为实践教学活动的根本出发点和最终归宿。本章分为高校思想政治理论课实践教学的发生机理，高校思想政治理论课实践教学改革的典型做法和高校思想政治理论课实践教学改革取得的成效三部分，主要内容包括高校思想政治理论课实践教学改革的做法以及成效等。

## 第一节　高校思想政治理论课实践教学的发生机理

### 一、国家政策的制度推动

高校思想政治理论课实践教学的发生和改革，都离不开国家政策的制度推动。2004 年，中共中央国务院发布《关于进一步加强和改进大学生思想政治教育的意见》（中发〔2004〕16 号），文件明确表示，“坚持政治理论教育与社会实践相结合的原则……探索实践育人的长效机制”。

2005 年，中宣部、教育部发布的《关于进一步加强和改进高等学校思想政治理论课的意见》（教社政〔2005〕5 号）明确提出，“高等学校思政课所有课程都要加强实践环节”。《国家中长期教育改革和发展规划纲要（2010—2020）》明确指出，“强化实践教学环节……注重知行统一，坚持教育教学与生产劳动、社会实践相结合”。教育部等部门发布的《关于进一步加强高校实践育人工作的若干意见》，对实践教学的学时、学分以及相关制度建设提出要求，为加强实践育人工作提供政策指导。

2018 年，教育部印发的《新时代高校思想政治理论课教学工作基本要求》指出：思想政治理论课承担着对大学生进行系统的马克思主义理论教育的任务，是巩固马克思主义在高校意识形态领域指导地位、坚持社会主义办学方向的重要阵地，是全面贯彻党的教育方针、落实立德树人根本任务的主干渠道和核心课程，是加强和改进高校思想政治工作、实现高等教育内涵式发展的灵魂课程。党的十八大以来，以习近平同志为核心的党中央高度重视思想政治理论课建设，做出一系列重大决策部署，思想政治理论课建设在改进中不断加强，课堂教学状况显著改善，大学生学习思想政治理论课的获得感明显增强。中国特色社会主义进入新时代，对高校思想政治理论课发挥育人主渠道作用提出了新的更高要求。为继续打好提高思想政治理论课质量和水平的攻坚战，坚持不懈传播马克思主义科学理论，讲清讲透习近平新时代中国特色社会主义思想的时代背景、重大意义、科学体系、精神实质、实践要求，全面推动习近平新时代中国特色社会主义思想进教材、进课堂、进学生头脑，打牢大学生成长成才的科学思想基础，引导大学生树立正确的世界观、人生观，价值观，不断提高大学生对思想政治理论课的获得感，该文件就教学工作提出了明确指导思想、坚持基本原则、科学运用教学方法和改进完善考核方式等要求。

## 二、学科发展的内生动力

进行实践教学改革，既是马克思主义学科发展的需求，也是加强思想政治理论课课程建设的必然选择。马克思主义强调“实践—认识—再实践—再认识”的认识规律，马克思主义理论学科的教学也遵循这样的认识规律。传统的马克思主义学科在教学内容和形式的设置方面，往往重老师灌输、轻学生参与，往往忽略现实和热点问题，没有实现理论和实践的有机结合。因此，马克思主义理论学科在建设发展过程中，就必须要进行实践教学改革，必须要注重学生对实践的参与，注重学生在实践中对感性材料和感性认识的获得。

实践教学改革是思想政治理论课课程建设的需求。在思想政治理论课的教学过程中，理论教学能为实践教学提供理论指导，实践教学能促进理论认识的深化，两者互促互进、共同发展。单纯注重理论传授的教学方式注定会限制思想政治理论课的教学质量和效果，不符合思想政治理论课课程建设的要求。因此，必须要在教学理念、教学目标、教学内容、教学形式等方面引进实践教学，改善实践教学这一薄弱环节，促进思想政治理论课课程建设的进一步发展。

思想政治理论课作为对大学生进行思想政治教育的主渠道，不仅注重以其丰富的知识性、理论性和深刻的思想性、政治性武装学生的头脑和认知，而且强调以较强的现实性和鲜明的实践性引导学生的体验和行为，提高学生观察、分析社会现象的能力，深化教育教学的实际效果。2005 年 2 月，《中共中央宣传部教育部关于进一步加强和改进高等学校思想政治理论课的意见》将高校思想政治理论课教学大纲和教材编写纳入中央组织实施的马克思主义理论研究和建设工程，思想政治理论课教学内容的理论性、思想性优势彰显无疑。而如何进一步增强教学的现实性和实践性，成为思想政治理论课教学的“短板”和“瓶颈”，也是思想政治理论课教学改革的焦点与难点。事实上，一段时间以来，思想政治理论课教学效果之所以不尽如人意，其中一个重要原因就在于对实践教学的认识、研究不到位，存在“重课堂、轻课外，重理论、轻实践”的倾向。因此，强化实践育人意识，优化实践教学，是进一步增强教学时代感和吸引力、感染力的需要，也是推进和深化思想政治理论课教学改革、增强教学针对性和实效性的重要举措。

## 三、人才培养的现实推动力

高校是聚集人才的摇篮，是培养人才的基地，做好高校思想政治教育工作，培育符合社会需要的高素质人才，对于提高国家综合竞争力、促进社会主义现代化建设具有重要的意义。人才不仅要有一定的专业知识或技能，更重要的是要有德。正如蔡元培先生所说：“若无德，则虽体魄智力发达，适足助其为恶。”而高等教育中的思想政治理论课对大学生形成科学的世界观、人生观、价值观具有重要作用，是对人才进行思想道德教育的重要途径。

此外，大学生在实践教学中，能培养发现问题、分析问题、解决问题的实践能力和创新能力，增强动手能力和社会适应力。因此，思想政治理论课实践教学在大学生的思想认知、情感体验、行为操守、实践能力培养方面发挥着重要作用，是培养高素质人才的必然选择。

## 四、国外实践教学的影响

20 世纪 70 年代以来，在国外实践道德教育思想和理论的作用下，实践教学成为外国进行道德教育的重要方法，并受到学生的普遍欢迎。而随着改革开放的深入和社会主义市场经济的发展，国外“以学生为主体”的教育理念和实践的教学方法也逐渐传入我国，引起了我国教育界的普遍关注，逐渐成为我国教育管理、研究和改革的重点和热点问题。

### （一）德国的思想政治教育注重教育与生活结合

德国的思想政治教育非常注重教育与生活实际的结合。中国的学者曾经针对德国宗教伦理道德课程教科书做了仔细的研究，研究发现，其教材通篇没有呆板乏味的“教义回答”或者“教义汇编”，而是从生活出发，极其富有启发性。教材中提出了很多表面看起来浅显易懂，实际上却蕴含着深刻内涵的问题，不失趣味性又发人深省。其中还讨论了关于战争的起因、恋爱（包括同性恋）、家庭、死亡、恐惧、自杀、人生各个阶段的苦闷等问题。这些在实际生活中必然会面临的问题一一出现在德国的教科书当中，使学生能够清楚地知道这些问题的存在以及该如何应对这些问题。这无疑会对学生的人生产生莫大的帮助，有利于学生人格的完善、价值取向的端正及思想道德水平的提高。

### （二）加拿大将思想道德教育与社区活动相结合

加拿大高校思想道德教育社会实践活动具有丰富多彩性，同时也为培养学生全方面发展提供了更大的可能性。为了能够把学生培养成具有高度责任心和能力强的专业人才，加拿大政府十分重视服务于社会的教育活动在思想道德教育中的有效运用。加拿大将高校与社区服务有效结合，将学生的社会实践活动课程与社区服务相结合，让学生们主动参与到社会实践活动中，培养学生的道德意识和道德责任。这使得学生在获得知识的同时提高了自身的能力，且有利于培养团队成员的互相合作精神。多方面研究表明，将学生的实践活动发展到社会的方方面面，能更加有效地提高学生的综合能力和素质，进一步达到高校育人的目标，推进高校更好地发展。

### （三）澳大利亚的思想教育通过实践活动实现

澳大利亚的思想教育是通过具体的服务来实现的，学校通过日常大量具体细致的服务在潜移默化之中实现对学生的影响、教育。比如，学校会组织学生开展第二课堂、义工服务、社团活动、学生大使、环保行动、一对一辅导等各种活动，并努力让更多的学生参与进来。

原密歇根大学校长杜德斯达说：“当校友们被问及真正的大学教育是什么时，他们几乎从未提到过课程，这些东西在期末和毕业以后很快就消失了。相反，他们记得的是参加过的社团，所遇到的老师和同学以及他们所结交的友谊。”

相对于课堂讲授，公益类社团可以更好地培养品德；体育户外类社团能培养学生吃苦和不怕失败的精神，还能强壮体魄；表演艺术类社团能培养学生沟通能力；科技专业类社团可探索个人兴趣和职业生涯。在一个技术进步快、社会需求不断变化、人的寿命延长的新时代中，大学生要做好终生学习的准备。而终生适应能力常常来自课堂外的训练——实践活动。

### （四）美国把服务学习作为思想政治教育的方式

组织学生参与社会实践的过程也是进行思想政治教育渗透的重要途径。服务学习是美国青少年思想政治教育的一个有效形式。服务学习，即“学生不断参与有组织的、与课堂学习相关的且满足社区需要的服务活动，并通过日志、课堂讨论等经验活动，把服务经验与课程内容以及公民责任等方面的个人成长联系起来”。美国学校有着形式多样、内容广泛的社团活动，也有着丰富多彩的文体、庆典活动。这些活动都属于服务学习，渗透着德育意识和政治内容，既丰富了学生的课余生活，又有效提高了他们的思想政治素质。通过这种实践式的学习方法，学生们更加了解社会，更容易形成社会责任感和伦理道德观念。

## 五、时代发展的必然要求

社会主义核心价值观是社会主义核心价值体系的内核，体现社会主义核心价值体系的根本性质和基本特征，反映社会主义核心价值体系的丰富内涵和实践要求，是社会主义核心价值体系的高度凝练和集中表达。大学生作为中国特色社会主义事业的建设者和接班人，是社会文明的重要体现者和传承者。对大学生进行社会主义核心价值观教育，是高校思想政治教育的重要内容，是提高大学生思想道德素质的中心环节和根本要求，也是贯穿思想政治理论课教学的一条主线。

以课堂理论教学为平台，深刻领会社会主义核心价值观的基本内容和重大意义，是大学生践行社会主义核心价值观的前提和基础。而真正完成从认知到践行的转化，必须经由实践教学这一根本环节。可以说，大学生自觉践行社会主义核心价值观不仅是在学习中思考、升华的结果，更是在实践中体验、内化的结果。2013 年 12 月，中共中央办公厅印发的《关于培育和践行社会主义核心价值观的意见》明确指出，要坚持育人为本、德育为先，围绕立德树人的根本任务，把社会主义核心价值观纳入国民教育总体规划……注重发挥社会实践的养成作用，完善实践教育教学体系，开发实践课程和活动课程，加强实践育人基地建设。

## 六、增强教学实效性的必然选择

《中华人民共和国高等教育法》明确指出：“高等教育的任务是培养具有创新精神和实践能力的高级专门人才，发展科学技术文化，促进社会主义现代化建设。”为此，高校的思想政治理论课教学必须要坚持理论与实践相结合的原则，才能为我国的社会主义建设培养出大批合格的建设者和接班人。

一般来说，在传统的高校思想政治理论课教学中，单纯的理论教学受到高度重视，相应的，实践教学则处于不被重视的状态。这表现在教学中就是以课堂、教材、教师为中心，以理论说教和灌输为主；轻视实践教学环节，造成教学内容不仅脱离社会实际，而且还脱离了学生自身实际。一方面，思想政治理论课教学内容脱离社会实际使得教学缺乏较强的时代感，缺乏生动鲜活的教学案例，仅仅围绕一些陈旧的案例过多地去讲解抽象的理论，感染力与说服力较差；另一方面，教学内容脱离学生实际使得学生对思想政治理论课的学习缺乏积极性和主动性，只是被动地接受知识，有时甚至会产生抵触的情绪。从提高教学的实效性来讲，实践教学是思想政治理论课教学中十分重要的教学环节。

加强实践教学，有助于帮助当代大学生在理论与实践结合的过程中理解理论、提高能力。比如，带领学生参加社会改革实践，让学生到改革开放前沿和经济社会发展成效较为显著的地方参观学习，可以使其目睹改革开放政策给我国带来的巨大变化以及所取得的辉煌成就，加深对党的理论、路线、方针、政策的理解；通过演讲赛、辩论赛等活动，可以使学生明辨是非、进行自我教育，提高其分析、解决问题的能力；组织学生参观历史博物馆、纪念馆、烈士陵园等，或让学生亲耳聆听老一辈人经历的讲述，可以激起学生思想上的共鸣，使其自觉树立起正确的世界观、人生观和价值观。以上这些，都是单纯的理论教学不可比拟的。总体来说，实践教学既照顾到现实社会的发展状况，又照顾到学生自身发展的实际，让学生在亲身实践过程中，自觉地接受实践的锻炼，在实践中答疑解惑，从而能够充分调动学生学习思想政治理论课的积极性、主动性，实现所学书本知识的内化与创新，提升自己的精神境界，增强教学的实效性。

## 第二节　高校思想政治理论课实践教学改革的典型做法

### 一、建设合理课程

《关于进一步加强和改进高等学校思想政治理论课的意见》指出，高校思想政治理论课所有课程都要加强实践环节。因此，要以课程建设为导向进行实践教学改革，建设合理课程，在课程中设置实践教学学时和学分，以课程的形式保证实践教学环节的实施。各大高校在实施思想政治理论课课程改革方案的过程中，可根据本地本校实际，围绕教学目标，制定实践教学大纲，科学规定相应学分。以课程建设为导向的实践教学改革包含两种方式，一是单独设立思想政治实践课，由专门的教学机构组织实施；二是在每门理论课中，分别设立实践教学环节，由各门课程组织实施。

## 二、改革教学内容

思想政治理论课教的是什么？学生应该学到的是什么？调查发现，在学生的理解中，思想政治理论课所教的内容是比较局限的，印象比较深的都是政绩、思想的灌输，这些似乎又和他们的现实生活联系不紧密，所以学生往往容易产生一种学了这些课程也没有多大用处的思想。

从学科的角度来看，思想政治理论课的内容本身就是这种理论性较强的，因为都是伟人们思想的结晶，浓缩了再浓缩的精华，比较高的概括性让学生产生难懂枯燥的感觉也是在所难免的。所以在教材的编排上，特别是在授课中和实践教学环节上，既要坚持马克思主义的基本理论、基本观点、基本立场、基本方法，又要与时俱进，跟上时代和社会实践的发展，走进大学生的思想世界并关注他们的人生问题。同时，还应该多配合着添加一些现当代发生的热点话题，紧密联系重点事件，并与学生的学习生活相连，让他们感受到思想政治理论课的某些原理在学习中是可以运用的，某些历史事件在生活中是可以借鉴的，这样就能够激发他们学习的欲望，让他们愿意为了改造自己、改善身边环境、改造社会而学习。

## 三、加大教学投入

实践教学是相对于课堂理论教学而言的，两者都是为实现教育目标和教学目的而开展的教学活动。但实践教学所要完成的任务不是单纯的理论知识传播，而是着重学生内在素质与实践能力的培养，通过组织、引导学生参与各种社会实践活动，使学生以亲身的体验来发现知识、获得知识，不断完善和修正已有的知识结构，掌握一定的知识与技能，最终达到提高人的素质、实现人的全面发展的目的。要实现这一目的，就要从根本上改变过去以教师为中心、以教材为中心的旧教育教学观念，充分开发和利用各种实践教学资源和教学手段，使学生置身于广阔的社会课堂中，把理论知识与社会实践体验结合起来，在实践中检验理论，在理论指导下丰富实践，使思想政治理论课的学习由被动接受变为主动参与，以提高教学效果。

实践教学和理论教学相比需要投入更多的人力和物力。思想政治理论课实践教学虽不像专业实践教学那样需要很大的投入，但也需要一定的人力和物力支持。应当说，由于国家财力有限和迅速扩招，我国高校开展实践教学的条件普遍不足。和专业实践教学相比，高校思想政治理论课实践教学的投入更少，这也是目前高校思想政治理论课开展实践教学的重要阻碍之一。绝大部分高校未给思想政治理论课实践教学设置专项活动经费，少数院校虽有专项经费，但数量有限，教师只能组织小范围的社会实践教学，且申请手续烦琐。如此，思想政治理论课实践教学活动不可避免地存在以下问题：开发实践教学资源的数量较少，品种丰富性较差；活动次数少，参与的学生人数少，尤其是学生兴趣浓厚的课外实践教学活动次数更少，参与人数比例更小。这一切直接影响到思想政治理论课的教学效果。因此，学校应转变观念，加大对思想政治理论课教育教学的经费投入，设立思想政治理论课教育实践教学专项经费，并使其投入经常化、制度化，列入学校财务预算的年度经费。学校还要为思想政治理论课实践教学各项活动的开展提供必要的场所与设备，不断改善条件，优化手段，为开发利用实践教学资源提供必要的支持。

## 四、增强社会实践

课外社会实践教学主要是指思想政治理论课教师根据教学的基本要求，有目的、有选择地布置思考题、调研题和活动题等项目，要求学生运用所学的思想政治理论课相关理论去分析、认识和解决现实中人们的思想问题和社会问题。因为它的实施方式往往是在思想政治理论课课堂教学之外进行的，所以，我们就称其为思想政治理论课课外实践教学。这种课外实践教学的实施一般通过以下几个方面体现。

一是以思想教育为主的思想政治理论课课外实践教学的实施。这种实践教学的实施形式包括在思想政治理论课教师的带领下，组织大学生根据思想政治理论课教育教学需要，进行专题社会调查，有针对性地参观相关革命传统教育基地，寻访老、少、边、穷地区，了解国情、民情和风土人情，跟踪调查优秀校友，考察改革开放的前沿地区等。

二是以服务社会为主的思想政治理论课课外实践教学的实施。这种实践教学的实施形式主要包括根据思想政治理论课教育教学的需要，组织大学生参与当地或贫困、边远山区的文化与文明教育活动，参加各种志愿者服务，参加法律咨询，参加抗灾救灾以及义务劳动等。

三是以培养能力为主的思想政治理论课课外实践教学的实施。这种实践教学的实施形式主要包括根据思想政治理论课的教育教学需要，组织大学生参加社团活动或短期挂职锻炼，或岗位见习，或协助有关部门开展工、青、妇、团的工作，或运用专业知识进行宣讲教育等。

## 五、构建社团平台

当前，各个高校中拥有大量的学生社团，而这些社团有着广泛的学生基础。学生都是按照兴趣来有选择地参加社团的，所以以社团为单位来组织思想政治教育活动的号召力会更大，响应度也会更高。另外，社团内诸多的社团实践活动很适合搭建实践教学平台，开展校园内的思想政治教育，因为各类社团活动直接与学生生活相联系，便于学生广泛参与。在这其中，政治理论教师可以大有可为。教师可以指导学生以科学发展观等党的创新理论为指导，开展校园大学生生活情况调查、校园名师访谈和校园文化建设等主题实践教学活动，使政治理论课堂教学延伸到整个校园。例如，社团可以组织创办寝室文化节，寝室内部整洁度、室友们和谐相处程度都可以被列入评选范围；还可以组织创业大赛，以模拟的形式来组织学生体验创业，让他们认识到创业所要满足的条件和自身的优势所在，并促使他们萌发创业的念头以解决社会就业问题。

## 六、开发教学资源

高校开发的实践教学资源的多少，教学活动过程的资源管理与利用情况，直接影响到实践教学的效果，也在很大程度上决定着教学目标的实现范围和实现水平。但不少学校的领导和教师对思想政治理论课实践教学资源的丰富内涵缺乏必要认识，这导致一些学校开发实践教学资源思路受到局限，相同的实践教学内容和形式在不同届学生中重复运用，很难深入学生内心深处，致使活动往往流于形式。因此，高校从事思想政治理论课实践教学的有关管理者和实施者，必须结合教学内容和教学目的需要，深入研究实践教学资源的内涵与外延，这是开发和利用教学资源、提高教学效果的前提。

高校思想政治理论课实践教学资源，主要是指在进行高校思想政治理论课实践教学的过程中，能够将学生所学的理论与实践有机结合起来，以影响和改变学生的认知结构或能够促进学生认知结构发生变化的一系列条件的总和。思想政治理论课内容的丰富性，决定了其实践教学资源的丰富性和多样性。这些资源按空间分，有校内的，也有校外的。

校内的资源不仅包括学校图书馆、资料室、教材科、校史室和电教室等提供的书籍报刊资料、教材、教参等文本资源以及各种多媒体、互联网和影视音像信息资源等，也包括课堂师生互动、课堂讨论、演讲、专题讲座、心理咨询、社团活动等校内实践活动。

校外的资源包括各种历史文化传统遗迹、蕴含着丰富内容的人文景观和自然景观，以及社会生产和社会生活等，其实践活动方式有社会调查、参观访问、勤工助学、社会实习、志愿服务等。按资源的性质分，其有正面的、积极向上的，也有反面的。思想政治理论课要教育和引导青年学生客观地观察和分析社会问题，因此在设计和组织学生参观考察、调查访问、参加志愿者行动等实践活动中，不仅要充分利用灿烂的中国传统文化、革命老区的资源、社会主义建设和改革开放的新成就，从正面引导学生，也要利用法院、戒毒所、监狱等场所提供的反面教材教育学生。

面对如此丰富的实践教学资源，如何开发和利用也是一个重要课题。思想政治理论课实践教学资源的开发和利用应该从实际出发，因时制宜、因地制宜。我国地域辽阔、历史悠久，各高校在开发和利用思想政治理论课实践教学资源的时候，要从本地和本校的实际情况出发，理论联系实际地运用好各种资源。

同时，还要根据各校不同的文化传统、专业特色来综合考虑资源的开发和利用。比如：利用国庆、校庆和中华民族传统节日等特殊的日子，培养学生对国家、民族和学校的感情；利用国际、国内、校内每天发生的事情对学生进行及时的思想政治教育；等等。

相较校内实践教学资源而言，校外社会实践教学资源更丰富，空间更广阔，社会性、现实性更强，更能体现实践教学的主旨，学生参与的积极性、主动性高，效果更好。因此，要不断利用社会资源，开发以社会实践基地为基点、以广阔社会背景为舞台的点面结合的校外实践教学资源体系。社会实践基地主要开展在教师主导下的集中实践教学活动，是保证实践教学持久开展的基础；广阔的社会舞台则是开展在教师指导下的分散灵活的学生自主实践活动。但是，校外社会实践活动所需的时间成本、人力成本、资金成本均较高，且风险较大，因此，我们也必然不能忽视校内实践教学资源的开发和利用。

## 七、完善教学评价体系

实践教学主要是在课外或校外进行的教学活动，与课堂教学相比要复杂得多，必须要有细致周密的安排和组织，否则难免会流于形式，难以取得预想的效果。虽然也有不少学校将思想政治理论课实践教学纳入了教学计划，但总体来说还是比较笼统，缺乏统一的实践教学大纲，内容安排上存在随意性和实用主义现象。实践教学作为思想政治理论课的重要教学环节，必须和课堂理论教学一样规范组织。应对思想政治理论课的实践教学提出明确、规范的工作要求，建立恰当的评价标准和评价方式，单独设立实践教学考核标准，使考核工作成为控制教学过程、检验课程教学效果、检验学生能力与素质提高程度的有效手段。

一方面，要制定针对任课教师的评价标准。在标准下，教师应制订切实可行的实践教学大纲和实践教学计划，每次实践教学都要有详细的实践教学方案，包括本次实践教学的任务、主题、要求，运作方式等；教师要亲自参加，认真组织，保证每次活动都收到应有的教学效果；每次实践教学结束要及时加以总结，为以后开展实践教学提供借鉴。

另一方面，对学生也要严格要求。学生应重视实践课的学习，实践学习前要在教师指导下选定自己的任务，并做好准备工作；还应积极主动地参加实践学习，每次实践学习结束时独立完成一份调查报告，或者提交一份对所学理论加深理解的心得体会。

要构建稳定、科学、合理的实践教学考核评价体系关键在于三个方面。一是可行性，主要是实践教学课评估指标的可操作性。也就是说，指标必须简便易行，各项指标的设计要便于获得、符合实情，对反映教学成果具有实际意义。二是方向性。制定实践教学考核指标时，应与课程特点紧密结合，注重考察学生世界观、人生观、价值观形成和认识能力提高的情况，如参与社会实践的积极性、观察社会的视角、对社会热点问题的倾向等。三是整体性。实践教学评估体系作为一个系统，在设计指标项目时，必须注意整体性。当然，实践结果（调查报告、问卷分析、观察体会等）是最重要的，但实践过程的每一个环节最好也要有量化的办法，以便于操作。此外，教师和学生必须要端正对思想政治理论课实践教学的态度，这样才能用心地把握和有效地推进教与学、知与行、实与干。

构建完善的思想政治理论课实践教学体系是一个长期任务。在国家政策和社会各界大力支持的基础上，学校应充分认识思想政治理论课实践教学的必要性与重要性，制定并完善相应的制度和政策，为实践教学提供必要的支持；同时还要积极探索和建立思想政治理论课社会实践与课堂教学相结合的管理体制，不断探索实践教学的有效形式和方法，尽快建立思想政治理论课实践教学评价体系，科学考核实践教学的水平，切实提高思想政治理论教育的实效性。

# 第三节　高校思想政治理论课实践教学改革取得的成效

2018年4月12日，教育部印发《新时代高校思想政治理论课教学工作基本要求》。此文件既是新时代思想政治理论课建设的基本规范，同时也是新时代思想政治理论课建设的总体部署。其中对思想政治理论课教学方法提出明确要求：一是鼓励教师结合教学实际、针对学生思想和认知特点，探索行之有效的教学方法；二是进一步明确学生为主体、教师为主导的教学方法论原则，充分调动“教”和“学”两方面的积极性；三是充分重视实践教学在思想政治理论课教学方法中的作用，对实践教学方法提出明确要求和规定；四是对网络教学给予特别关注，积极推动教学手段现代化，推动传统教学方式和现代信息技术有机融合。目前，思想政治理论课教学方法在学科、课程、内容、方法、队伍建设、组织和管理等整体支持下，获得了全面进步和整体发展，其理念、模式、教学过程和环节都发生着深刻变化，为新时代思想政治理论课创新发展奠定了坚定的基础。

## 一、增强了大学生运用马克思主义理论学习的自觉性

马克思主义是中国共产党的指导思想，具有丰富的思想内涵，通过思想政治理论课教学对大学生群体进行马克思主义理论教育，对于帮助大学生树立正确的世界观、人生观以及价值观等具有重要作用。近些年，高校致力于思想政治理论课实践教学的探索，实践教学形式越来越丰富多样。形式多样的实践教学活动的开展使大学生增强了学习以及运用马克思主义理论的自觉性。

高校通过开展思想政治理论课社会实践系列活动，分期分批组织大学生深入社会、深入基层、深入群众，这一过程使大学生能够更多地接触社会实际、接触人民群众。大学生在实践教学过程中，通过参观访问、社会调查等能够亲身实践并可以直观体验的方式进一步了解了世情国情党情民情，进一步加深对马克思主义及其中国化理论成果作为行动指南的认识；进一步理解中国历史和人民选择马克思主义作为指导思想的历史必然性。通过这种课堂＋实践活动的开展方式，让学生更加深入地了解了马克思主义相关知识，并将其不断的与我国的社会实际情况相结合，在学生内化理论知识的基础上，也不断地了解了中国的历史发展以及中国化了的马克思主义理论。这些不仅能够帮助高校学生增强其政治觉悟和政治

敏感性，也能够让学生学会用社会主义思想武装头脑，深化了对马克思主义理论及中国化理论成果的践行。

## 二、拓宽了思想政治理论课的社会实践的范围

高校思想政治理论课实践教学进一步研究了大学生社会实践的功能，提高了社会各阶层人士对大学生社会实践活动和工作的重要性认识，促进了高校教育教学改革，对实现教育目标、培养社会需要的复合性人才以及推动社会进步都具有十分重要的意义。

拓展社会实践性的途径，实际上就是一个理论联系实际的基本途径，是把科学理论运用于实际或实践之中的过程，同时在这个过程中注意总结经验和规律。毛泽东在延安时期就强调了马克思、恩格斯、列宁、斯大林强调的基本原则就是理论和实践统一，同时批评了那些理论与实际相分离的倾向。

社会实际、社会实践是正确的理论产生实效性的基础和源泉，也是检验真理是否正确的标准。如果说理论是灰色的，而实践之树则常青。这就是指实际、实践对理论的基础支撑作用和检验作用。社会实际、实践活动就是理论展开其生命力的平台。

尽管人们可以把思想政治教育学科的经历划分为几个不同的发展时期，但是总体来说这个学科还是处于自身发展的青年时代，各方面的深入研究还是很不够的。

社会实践拓展的基本途径探讨和研究，始终是思想政治教育学科发展的生命力所在，同时也是该学科发展的一个瓶颈部分。近期，中共中央领导同志在大学生思想政治教育工作座谈会上指出，在当前和今后一个时期内，加强和改进大学生思想政治教育，要牢固树立育人为本、德育为先的理念，贴近实际、贴近生活、贴近大学生，不断增强大学生思想政治教育的针对性、实效性和亲和力、感染力，努力在解决实际问题过程中提高思想政治教育效果。这为思想政治教育专业拓展了实践性的基本途径，提供了明确的指导。在某种意义上可以说，思想政治教育学科发展的关键，就在于能不能拓展实践性的基本途径。

## 三、增加了思想政治理论课的社会实践的途径与方式

习近平总书记的新一届中央领导集体对加强大学生思想政治教育提出了极为殷切的期望和明确的工作要求。社会实践是大学生认识社会、了解社会、服务社会的有效途径。高校后勤社会化改革后形成了大学生公寓园区和与之在地域上相

邻或一体的城市社区，成为大学生“学习社会”的新生长点，为大学生进行社会实践提供了又一个重要平台；居住于公寓园区的大学生通过各种形式参与社区建设，在提升自身社会责任感的同时，也日益成为促进社区精神文明建设、提高社区和城市品位的一支重要力量。实践告诉我们，适应德育环境变化，拓宽教育视野，整合社会德育资源，是时代赋予高校教育工作者的历史使命。

充分调动大学生的主动性，让他们在公寓园区的管理过程中全程参与、兼任职务，对有效进行公寓园区的管理和提高大学生的实践能力都有十分重要的意义。大学生公寓园区可根据高校大学生“自我教育、自我管理、自我服务”的教育方针，为学生在园区任职锻炼提供各种机会，注重培养大学生主动参与园区管理与建设的意识，充分发挥学生的主人翁作用。

## 四、强化了思想政治理论课教育教学的针对性和实效性

高校开展思想政治理论课实践教学，大学生的认识与实际、理论与实践、知与行达到了辩证的统一，他们通过课堂讲解学习到的理论知识在实践教学中得到了比较充分的运用和检验。通过思想政治理论课实践教学，大学生真切地感受到了马克思主义理论强大的生命力、与时俱进的魅力和实践指导作用，感受到了中国特色社会主义理论体系的旗帜引领作用，感受到了思想政治理论课在塑造自身的灵魂中、增强自身政治敏锐力和政治洞察力中的核心作用，从而进一步坚定对马克思主义的政治信仰，坚定中国特色社会主义共同理想，增强弘扬以爱国主义为核心的民族精神和以改革创新为核心的时代精神的能力，强化树立社会主义荣辱观的自觉性。思想政治理论课实践教学系列活动的开展是思想政治理论课理论联系实际课程目标的重要体现。在思想理论教授帮助学生树立正确的价值观、人生观，感受马克思主义理论的生命力和魅力的基础上，实践活动及体验能够让学生在过程中培养动手能力，并能够将学习到的理论应用到实践过程中，去解决实际问题。这样的课程方式，不仅能够增强学生对于民族的认同感和自豪感，坚定马克思主义理论的政治信仰，也能够培养学生的主动性、能动性、独立性等，对于学生走向社会奠定了良好的基础。

## 五、拓展了思想政治理论课教育教学的广度和深度

我国课程的改革经历了较为漫长的时期，在高校中也是如此。思想政治理论课课程内容较晦涩难懂，且理论知识占主要部分，这在一定程度上降低了学生学习的兴趣及持久性。而且传统的高校思想政治理论课的课堂上，主要采用的是常

用的教学模式，即教师讲、学生听，教师处于主导地位，学生处于被动地位，在这种教学模式下，学生的注意力集中时间较为有限，且很难对课程内容产生兴趣，这也在一定程度上影响了思想政治理论课的授课效果。随着课程改革的发展，高校的思想政治理论课教师不断进行改革和创新，希望改变传统的教学模式，开创出新的符合时代特征及学生需要的新的教学模式，既能够达到传授课程内容的形式，也能够促进学生视野的拓展和实践能力的提升。现在的思想政治理论课堂，充分挖掘了思想政治理论课的潜在特征，并结合了当代社会对大学生所提出的新的要求，在借助新兴技术手段的基础上，针对实践教学，提出了四种模式，分别是课堂实践教学模式、校内实践教学模式、社会实践教学模式、虚拟实践教学模式。其中，课堂实践教学模式主要是指在课堂上要通过加强学生的参与作用，以发挥学生的积极能动性为条件，采用专题讨论、案例讨论等实践方式，调动课堂氛围，提高学生学习兴趣；校内实践教学模式指的是充分利用学校的各种资源，社团活动、竞技比赛等方式，提高学生的参与度；社会实践教学模式主要是指拓展实践领域，让学生参与到社区、社会志愿等活动中，让学生充分感受到民情以及社会事件，加深对社会主义理论的深刻理解；虚拟实践教学模式是时代发展的衍生物，是指充分利用信息技术和互联网技术，开展网上课程、网络学习等，可以拓展学生的视野，帮助学生更加深入地了解理论知识。实践证明，思想政治理论课实践教学是传统课堂教学的拓展与延伸，形式灵活多样的实践教学活动极大地开阔了思想政治理论课教育教学的空间和场景，有利于大学生把课堂理论知识转化为自身政治素质，有利于增强大学生政治素质和政治责任担当能力。

## 六、加强思想政治理论课的社会实践的功能

大学生社会活动实践作为学校教育的延伸和补充，为大学生创新和服务社会提供了很好的机会，让大学生通过社会实践的锻炼，增加了社会阅历和工作经验。大学生社会实践活动拥有特殊的教育功能，是对大学生进行素质教育的重要途径，能提高学生的创新能力与就业竞争力。

自 20 世纪 80 年代开始，大学生社会实践活动在我国已经开展了 20 余年，得到了各地党政领导、教育部门和高校的大力支持，每年有数十万大学生参加社会实践活动。社会实践活动能起到特殊的教育功能，在高等教育中有着其他课程和活动不可替代的作用。这一教育组织形式也引起了世界各国教育专家的普遍关注和研究，如欧洲各国的“开放课堂”，美国学校出现的“探索性的学习”和学生自定学习计划的个别教学形式等，都是鼓励学生走出课堂、在实践中学习的实例。

尊重学生的个性，实现差异教育，促进学生良好个性品质和独特特性的形成与发展，一直是教育工作者不断努力追求的教育理想和目标。个性教育包含确立远大的人生理想、锻炼良好的社会适应能力、接触各种事物和现象、发现社会发展的主流，在保持积极的生活态度和认识社会的同时，使自己的思想、行为跟上时代的发展，与社会的要求相符合。这些内容都能在大学生社会实践活动中得到培养和发展。社会实践活动作为培养大学生适应社会能力的重要方法，能增强学生发现问题、研究问题与解决问题的能力，改进脱离实际的思维方式和行为。个性化教育的两个基本前提条件是发现并尊重学生现有个性，提供有利于学生个性提升的物质条件。这些必要的主、客观条件，是个性释放与完善的基础，大学生社会实践活动为大学生个性化教育提供了展现个性和升华个性的舞台，满足了主、客观条件的需要。

在传统的高校思想政治理论课程中，由于过度注重理论传递，导致学生的实践能力较为薄弱，并且教学过程相对单调，学生对于很多知识难以理解，所以导致思想政治教育效果并不理想，这也为实践教学改革埋下了伏笔。目前，我国明确提出高校实践教学制度，积极探索思想政治教育过程中的实践育人机制，为学生的成长发展提供充分保障，构建了思想政治理论和实践教学新模式。

随着高等教育的普及，大学生面临就业竞争和社会挑战的巨大压力。现代社会要求大学生不仅要有厚实的理论知识基础，而且还要具有较强的实际工作能力。用人单位关注的也不再仅仅是学生的专业课成绩，而是更关注学生的社会实践能力。社会实践是理论联系实际的重要途径，大学生参加社会实践活动的过程，即知识与社会实际互动的过程，是大学生形成知识与技能，丰富情感、培养个性的过程。由于实践能力很大程度上代表着一个学生的综合素质，因而毕业生社会实践能力的强弱，就成了毕业生能否成功就业的重要因素。

如何培养出具有创新精神与实践能力的高素质人才，是高校人才培养的重要任务之一。大学生社会实践活动正是解决理论脱离实际、知识远离生活等问题的有效途径。大学生社会实践活动帮助大学生实现理论和实践的结合，可以提高高校人才培养与社会实际需求的契合度，努力培养适应时代需求的高素质创新型人才。大学生参加社会实践活动，拥有体验的机会，是主动地获取知识的过程，而不是由权威从外部来灌输知识的过程。英国哲学家波兰尼曾提出了隐性知识理论。隐性知识是与显性知识相对的内隐知识，前者是指人们不能清晰地反思和陈述的知识，后者是指人们能够明显反思和陈述的知识。大学生参加社会实践活动，一方面是获得显性知识的过程，更为主要的是获得隐性知识的过程。在组织活动中，隐性知识与显性知识是可以相互转化的，正是在知识的相互转化过程中知识的创新得以实现。现代社会需要的是有扎实的专业知识、丰富的实践经验和技能的复合型创新人才。大学生课堂上学到的显性知识必须尽快地转化为隐性知识，否则它的真实价值就不复存在。大学生社会实践是知识创新的重要载体，因为它提供了经验技能、人际交往能力等隐性知识向大学生转移的平台。社会实践还可以促进个体显性知识向隐性知识的转化，并通过知识的转化提高了个体的知识水平、能力素质，从而使个体全面发展成为一个更加适应社会需要的个体。在大学生社会实践活动中，组织成员之间通过经验分享和合作的方式而实现隐性知识的共享和创造；通过交流讨论等方式将想法与方法表达出来，实现隐性知识向显性知识的转化；把新、旧显性知识相互联系起来形成体系并进而将显性知识转化为隐性知识；通过一系列的转化和深化，实现知识创新的全过程。大学生社会实践活动过程中，观察到的社会人员的工作技能和处世技能也会潜移默化地向大学生转移，从而丰富大学生的隐性知识积累。这在他们走出校门踏入社会之后的创业过程中是相当重要的。

## 七、推动了高校思想政治理论课实践教学的科学研究

在党和国家的正确领导下，不仅各高校重视思想政治理论课实践教学，而且学术界对于思想政治理论课实践教学的研究成果也十分丰硕。自 2004 年中国中央、国务院发布的《关于进一步加强和改进大学生思想政治教育的意见》中对思想政治理论课提出新的要求以来，学术界对思想政治理论课实践的关注度逐渐提高，学术期刊论文的数量总体也呈逐年上升的趋势。截至 2020 年 1 月 1 日，在中国知网以“思想政治理论课”和“实践教学”作为主题、关键词或篇名进行检索，分别有 6903 篇、2118 篇、2626 篇学术论文。其中以“思想政治理论课”和“实践教学”作为主题的硕博论文总共 439 篇，而作为关键词或题名的分别有 55 篇、63 篇。通过对文章的梳理发现，关于思想政治理论课实践教学的研究成果相对集中，多属于综合性研究。同时，教育工作者、专家学者对于思想政治理论课实践教学中存在的不足之处以及其相应的解决方案也进行了研究。研究领域涉及思想政治理论课实践教学的内涵、地位和作用研究，思想政治理论课实践教学体系的改革创新，思想政治理论课实践教学模式研究，思想政治理论课实践教学实施现状、资源整合、保障机制研究等各个方面，研究领域涵盖面较广。这些科学研究成果为高校思想政治理论课实践教学提供了有益的思想指导和理论借鉴，有助于思想政治理论课教师深化对思政课实践教学在大学生成长成才过程中重要性的认识。

# 第七章　高校思想政治理论课实践教学有效性的提升

思想政治理论课实践教学作为大学生思想政治教育的重要教学环节，其必然归宿和终极价值就在于促进受教育者的全面发展。因此，思想政治理论课实践教学取得实效的首要前提就是关注受教育者主体性的培育，以实践方式提供受教育者了解国情社情民情、提升自我综合素质的重要途径。本章分为高校思想政治理论课实践教学应遵循的原则，高校思想政治理论课实践教学应处理好的几对关系以及高校思想政治理论课实践教学有效性提升的路径三部分，主要内容包括提升高校思想政治理论课实践教学有效性的方法等方面。

## 第一节　高校思想政治理论课实践教学应遵循的原则

### 一、民主性原则

高校思想政治理论课实践教学具有的人文性、审美性、情境性等特点，决定了其教学方法要遵循民主性原则。民主性原则，要求教师尊重学生独立人格，树立为学生服务的思想。学生是学习的“主人”，他们享有学习的主动权。思想政治理论课实践教学的教学目的在于培养德、智、体、美全面发展的人，因此，教师选择和应用教学方法时，要遵循民主性原则，树立民主性教学思想，把自己视为学生学习的“引导者”“伙伴”“朋友”，与学生平等相处，尊重学生的个性，发展他们的个性。在过程教学中，教师应与学生真诚地沟通，尊重学生的人格，营造民主、平等、开放的氛围。思想政治理论课实践教学讲究“入情”“入境”，追求“美感”“愉悦”，以期达到“内化为知、外化为行”的目的。因此，教师在选择和运用教学方法时只有遵循民主性原则，才能调动学生由被动学习转为主动学习，形成和谐、宽松的学习氛围，真正做到潜移默化、熏陶感染。

## 二、针对性原则

高校在组织开展思想政治理论课实践教学的过程中必须要有针对性，才能切实提高教学效果。

第一，高校应该针对大学生实际开展思想政治理论课实践教学活动。高校必须明确，只有真正符合学生实际的思想政治理论课教学活动，学生才会愿意接受，才能够达到该课程的教学目标。

第二，高校应该针对具体的课程开展思想政治理论课的实践教学活动。对于《马克思主义基本原理概论》课程的实践教学，高校需要引导大学生正确认识马克思主义科学的理论知识，使其能够自觉运用马克思主义的方法论要求解决客观问题；对于《毛泽东思想和中国特色社会主义概论》课程的实践教学，应当引导大学生坚定走中国特色社会主义道路的信念；对于《中国近现代史纲要》课程的实践教学，高校应当着眼于引导大学生铭记中国抵御侵略，为民族独立和人民解放而奋斗的过程；对于《思想道德修养与法律基础》课程的实践教学，高校需要结合道德和法制建设进程中的实践问题，引导当代大学生自觉接受社会主义道德法制教育；对于《形势与政策》课程的实践教学，高校需要紧密结合国内外的热点问题，引导大学生自觉地关注时事热点，树立全球意识。

第三，高校应该针对本校的实际情况开展思想政治理论课的实践教学活动。高校是为国家培养输送人才的重要阵地，每个高校在具体的师资规模、硬件设施和周边环境等方面都存在很大的差异性。因此，高校在开展思想政治理论课实践教学时必须要根据本校的实际情况，有针对性地开展实践教学，切忌盲目地照搬照抄其他高校的实践教学形式。

## 三、创新性原则

创新性原则，是指在思想政治理论课实践教学的过程中所遵循的敢想、敢干，不墨守成规，开拓进取、勇于创新，努力探求实践教学新路子的基本准则。开拓创新是思想政治教育与时俱进的要求，也是实践教学适应社会发展需要的要求。大学生的思想政治教育无论从内容还是形式上，都必须随着时代发展的要求不断进行充实和更新，而思想政治理论课实践教学方法也必须适应社会发展的要求不断进行改革和创新，以适应时代和社会发展的需求，培养大学生开拓意识和创新精神。

“现代经济和技术的迅速发展，要求教育质量和教育效率的迅速提高，要求我们在教育与生产劳动结合的内容上、方法上不断有新的发展。”马克思主义理论本身就是一部不断发展与创新的历史，思想政治理论课作为马克思主义的主要宣传阵地理所当然地要保持马克思主义的优良传统，走改革创新之路。而由于思想政治理论课实践教学存在很多不成熟、不完善的地方，这就要求实践教学要在教学的思路、内容和形式上不断进行探索创新。

首先，在实践教学思路上，要树立以学生为本的教育理念，改变教师唱“独角戏”的教学方法，充分突出学生在实践中的主体地位。在实践中，指导教师只是“指挥家”，学生才是“演奏家”，这一点绝不可混淆。其次，在实践教学的内容和形式上，要力求灵活多样，坚持共性与个性相结合。教学内容应富有针对性和感召力，并能反映时代特征。实践教学不能停留在已取得的一些成绩上，其内容必须紧跟国际国内社会发展形势。

## 四、实效性原则

衡量教学成功与否的根本标准就是，看教学活动是否取得了切实的实际成效，是否实现了预期的教学目标。因此，高校思想政治理论课实践教学也必须坚持以实效为主的原则。理解这一原则，需要注意两个方面。一是实践教学形式不要盲目求新求异、求规模、求投入，应该以达到教学效果为衡量标准。只要能够合理地设计和掌控，一次传统且普通的案例分析可能远比一次费时费力的外出参观考察效果要好。二是要注意教学投入与收益的衡量。当然，这里的投入与收益绝不仅仅是指经济学上的与金钱有关的投入和收益，也包括教学时间和教学设施的使用。从理论上来说，任何目标，只要有无限的资源和时间去投入总能够实现，但是对所有主体而言，资源和时间毕竟是有限的。高校思想政治理论课实践教学，应该追求以最少的投入，取得最好的学生思想状况转变的效果。

首先，要在认识上重视，这是增强实践教学实效性的前提。要把社会实践教学提升到高校思想政治教育的战略高度，只有在“战略”上重视，才能采取积极有效的“战术”措施，从而增强实践教学的实效性。高校党委、社会实践的组织者、指导教师和学生各方都应高度重视实践教学，而不应流于形式，做表面文章。就大学生而言，必须端正态度，提高认识。

其次，要在观念上突破，这是增强实践教学实效性的关键。社会的发展是人的发展的前提，人的全面发展是社会发展的核心。大学生的生存与发展需要及其实现和满足程度对社会的发展具有积极的推动作用。这就要求实践教学打破传统的理论教学的思想禁锢，变灌输式教学为启发诱导式教学，充分调动和发挥学生的主观能动性。

再次，要在措施上得力，这是增强实践教学的保障。要建立实践教学的长效机制，把实践教学当作高校思想政治理论课的一项重要内容和任务，落到实处，长抓不懈。必要时，可成立实践教学研究室，由从事思想政治理论教育的任课老师或相关理论研究者对实践教学进行精确的论证，制订科学的实践教学计划，组织并部署实施实践教学任务等。此外，为了确保实践教学达到预期的效果，有必要逐步建立和完善实践教学绩效考核评估机制，使实践教学制度化、规范化，从而避免实践教学的盲目性和随意性。

最后，要争取社会各方支持，这是增强实践教学实效性的后盾。一方面，要提高全社会对大学生参与实践活动的认识，发掘和利用各种社会有效资源和力量支持高校实践教学活动；另一方面，高校要从自身做起，树立形象意识和品牌意识，提高社会可信度，赢取社会的广泛支持和通力配合，从而增强实践教学的实效性。

## 五、灵活性原则

当代大学生对客观世界充满了新奇感，很容易接受新鲜事物，具有较高的可塑性。同时，大学生的思想实际和具体的发展要求也不是一成不变的，而是多变的，这就对高校顺利开展思想政治理论课的实践教学工作提出了新的挑战。因此，高校必须采取灵活多变的形式组织开展思想政治理论课的实践教学，以适应大学生的不断变化发展。第一，高校在开展思想政治理论课实践教学活动时，要力求形式方法的多样化和新颖。实践教学的方法多种多样，针对教学活动开展的场所可以分为课堂实践教学和课外实践教学，而课堂实践教学又可以采取分组讨论、案例分析、模拟授课等方法，课外实践教学则可以利用班团活动、助教锻炼、志愿服务、社会调查等活动形式。高校在组织与开展思想政治理论课实践教学的过程中，可以根据教学的计划、课程的内容、学生的情况和物质条件等因素灵活地选择实践教学的方式，努力地吸引大学生的广泛参与，让其在参与的过程中接受思想政治教育的熏陶。第二，高校在组织与开展思想政治理论课实践教学时，需要灵活地运用社会中的各种资源。社会中存在很多可用于实践教学的资源，高校要充分地利用这些资源来有效地开展思想政治理论课实践教学活动。同时，高校也要积极地挖掘潜在的、尚未被利用的有效资源，坚持“请进来”与“走出去”相结合，乡村与社区相结合，将工厂、军营、博物馆、展览馆等资源纳入思想政治理论课实践教学系统。只有坚持灵活性原则，思想政治理论课的教学方法才会多样化与创新性地发展，才能够增强大学生的课堂获得感，提高课程的实效性。

## 六、启发引导原则

遵循启发性原则，其最终的目的和归宿是培养学生高尚的思想道德品质和良好的行为习惯。思想政治理论课实践教学方法之所以要坚持启发性原则，主要是由于在教学过程中，启发性原则体现了以学生为主体、教师为主导的指导思想。只有充分意识到这一点，才能充分调动学生学习的主动性、积极性和自觉性，发展学生的思维能力。如果忽视这一原则的贯彻，教学就很可能成为教师的“一言堂”，这样培养出来的学生也不过是死记硬背的“书呆子”，是社会所不需要的。

大学生已具有一定的知识储备，再结合教师已讲解的知识，他们已能够分析社会上的某些现象。所以，教师在选择教学方法的过程中，要采取启发性教学，给学生们施展自己思想、才华的空间，让教学方法具有“不愤不启、不悱不发”之作用，激发学生的求知欲，使学生对已学过的课程产生成就感，从而增强学习兴趣，养成勤于思考和善于思考的习惯。

引导性原则是在思想政治理论课实践教学过程中所遵循的，它通过深入细致的思想政治工作，循循善诱，启发引导学生不断进步。坚持正面引导是社会主义教育培养目标的要求，也是思想政治教育性质的要求。因为，社会主义教育培养的对象是有社会主义觉悟、富有主动精神和创造性的社会主义现代化事业的建设者和接班人，对他们的教育培养不能采取粗暴强制的方式，只能采用正面引导、耐心说服的教育方法。

坚持正面引导的原则，一是要坚持正面启发、正面教育，引导学生明辨是非，区分美丑和善恶，培养和树立良好的思想品德；二是要注重发挥榜样的作用，以榜样的形象引导和激励学生，以规范其言行，明确其目标。

积极有效的思想政治教育能充分调动受教育者的积极性，规范和调控大学生的思想政治品德，塑造其良好的人格，推动人的全面发展。社会是个百花园，其中有鲜花也不乏杂草，大学生在大是大非面前往往容易迷失方向。通过坚持对大学生的正面引导，可以提高他们对社会不良现象和问题的鉴别能力和分析能力，从而逐步提升他们的思想境界，使其正确认识个人价值与社会价值的关系，树立坚定的社会主义信念，增强社会使命感和责任感。

## 七、理论联系实际原则

理论联系实际的原则，是中国共产党一贯坚持的马克思主义学风，是中国共产党具有旺盛创造力的关键所在。在思想政治教育实践教学过程中，要注重理论与实际的结合，在将理论运用于实际、解决和指导实际问题的同时，根据实际情况的发展不断充实和创新理论，使理论更加趋近于实际，实际更趋近于理论。

另外，思想政治理论课实践教学离不开理论的正确指导，强调实践的重要性并非要削弱理论的基础性地位，而是要坚持理论指导下的实践。脱离理论的实践，会陷入“经验主义”的泥潭。

马克思主义经典作家历来重视实践在改造社会中的巨大作用，但他们更重视理论对实践的指导作用。斯大林说过，实践若不以革命理论为指南，就会变成盲目的实践，理论是行动的指南。

## 八、政治性与科学性相统一原则

思想政治理论课实践教学的政治性体现了其具有的鲜明的阶级性和党性以及明确的目的性特征。思想政治理论课实践教学的目的就是对大学生进行思想政治教育，使大学生具备适应社会发展的思想政治品德，其中核心目标就是政治素质目标，即通过提高学生的政治意识和政治觉悟，增强学生的政治敏锐性和政治判断力，使其热爱党、热爱祖国、热爱社会主义，拥护党的路线方针政策，坚定走中国特色社会主义道路的信念，坚定实现全面建成小康社会宏伟目标的信心。

思想政治理论课的科学性体现了其在指导思想上、内容上和方法论上的真理性、正确性、规律性。这要求思想政治理论课实践教学真正做到以科学的理论武装人、以科学的方法培育人。

在思想政治理论课实践教学中，政治性原则是方向、是灵魂，科学性原则是基础、是血肉，二者是统一的，不可割裂。政治性原则必须通过科学性原则体现出来，离开了科学性原则，政治性原则就得不到真正落实。同样，科学性原则也必须坚持以正确的政治导向为前提，离开了政治性要求，科学性原则就不能真正符合思想政治理论课的教学宗旨。在实际教学过程中，必须辩证地处理好二者的关系。

## 九、育德教育与育才教育相统一原则

思想政治理论课不仅承担着向大学生传播科学文化知识、培育能力素质的育才教育的任务，还承担着对大学生进行思想教育的育德教育的任务。坚持育德教育与育才教育的统一，就是在教学过程中，让学生在掌握一定的理论、知识的同时，提高思想道德修养和政治觉悟。育德教育与育才教育不是平行推进的，也不是有先有后、分阶段进行的，而是有机统一的。如果单纯地进行育才教育，就不能解决学生的各种思想问题，也就不能提高学生的思想觉悟。如果单纯地进行育德教育，就会陷入空洞的说教之中，不但因缺乏说服力解决不了问题，也满足不了学生强烈的求知欲望。

传道、授业、解惑是教师的天职，也是教师的使命。思想政治理论课教师除肩负一般教师的职责外，更重要的是要向学生传马克思主义之道、授社会主义千秋大业，消除困扰和迷惑大学生的各种思想迷雾，提高大学生抗拒各种错误思潮及非马克思主义意识形态侵袭的能力。思想政治理论课实践教学坚持育德教育和育才教育相统一的原则，就是要在传授马克思主义科学知识的基础上，培育大学生实践马克思主义的能力，并将对大学生的政治思想品德教育融于其中。思想政治理论课实践教学坚持育德教育和育才教育相统一的原则，可以防止两种倾向：第一，片面进行育德教育忽视育才教育，把教学变成空洞无物的政治灌输；第二，片面进行育才教育忽视育德教育，把教学当成单纯的知识传授和能力培养，淡化思想政治理论课的政治思想教育主题。

## 十、教育与自我教育相统一原则

教育是指在教学中，教师通过一定的教学内容影响学生，力图使学生接受教学内容所承载的思想观念、政治观点、道德规范，并将其转化为自觉的行动，从而成长为社会所期望的一员。自我教育是指学生把自己作为教育对象，自觉地、积极主动地通过自我认识、自我控制，主动接受正确思想，产生正确行为，形成良好的行为习惯。思想政治理论课实践教学坚持教育与自我教育相结合原则，即在教学中教师既要充分发挥作为教育者的主导作用，又要重视通过各种方法激发学生进行自我教育，将教育与自我教育有机结合起来，从而达到教学目标。

## 十一、“三贴近”原则

“三贴近”原则即“贴近实际”“贴近社会”“贴近生活”，高校在开展思想政治理论课实践教学的过程中要始终坚持“三贴近”的原则。

第一，高校组织与开展思想政治理论课实践教学要贴近学生的实际。大学生具有个别差异性，即使是共处在同一个年级甚至同一个班的学生，知识水平、思想觉悟、心理特点等方面也存在很大的差异。高校的思想政治工作主要是向大学生宣传党的理论、方针和政策，而宣传工作对于自己的宣传对象没有调查，没有研究，乱讲一顿，是万万不行的。因此，高校在组织与开展思想政治理论课实践教学时，必须要遵循大学生的个体身心发展规律并尊重学生的差异性，在教学内容的选择与编排上，尽可能地选择与学生的日常、学习和交往等实际密切相关的，努力地做到贴近大学生的实际。

第二，高校组织与开展思想政治理论课实践教学时要贴近社会。社会是一个大课堂，因此，思想政治理论课实践教学必须要紧贴社会，在贴近的基础上把握社会，最后再进入社会生活中，挖掘社会中丰富的教育资源。但思想政治理论课实践教学的这种贴近、把握和进入并不是抽象、空洞的，而是必须要符合变化了的客观社会生活环境的，既要符合当代世界的总体形势，又要符合当今中国的现实国情，如教育公平、医疗改革以及社会保障等。

第三，高校组织开展思想政治理论课实践教学时要贴近生活。生活是一切教育的生成土壤，因此，一切教育活动只有在植根于现实的生活实际的基础之上才能具有相应的生机和活力。思想政治理论课实践教学要从高校大学生的日常生活中取材，符合客观发展的生活实际，引起学生的共鸣，增强大学生的课堂接受力和获得感，提升课程的感染力。

## 第二节　高校思想政治理论课实践教学应处理好的关系

### 一、理论教学与实践教学的关系

实践教学和理论教学在教学活动中具有同等重要的地位，二者共同构成了高校思想政治理论课教学的整体，是辩证统一的关系。第一，理论教学是实践教学的必要前提。只有在大学生充分了解和掌握了马克思主义的基本原理和方法论的基础上，高校才能够顺利地开展思想政治理论课的实践教学。同时，强调实践教学的重要地位并不意味着就可以随意地否定理论教学的重要性，相反，我们需要更进一步地加强理论教学，为实践教学的开展提供坚实的理论基础。缺乏理论教学的支撑，实践教学就会成为没有根基的房屋，是没有实在价值的。第二，实践教学是对理论教学的补充和完善，二者相辅相成，共同发挥着各自的育人功能。实践教学旨在通过各种社会实践活动，引导大学生在接触实际的过程中巩固和深化马克思主义的相关理论知识，将大学生的思想与社会实际有机统一起来，促进大学生了解社会和国情，进而形成科学的马克思主义理论知识体系。只有实践没有理论指导一定会走上错误的道路，而只有理论缺少实践只能是纸上谈兵，毫无意义。因此，在高校中无论是领导、教师还是学生，都必须自觉地将理论教学与实践教学放在同等重要的地位，在保证思想政治理论课课堂理论教学相对稳定的前提下，积极地推进与落实实践教学，把理论武装与实践育人结合起来，实现二者之间的良性互动与和谐发展，真正地发挥思想政治理论课教学应有的实效性。

### 二、实践教学与社会实践的关系

黑格尔曾经指出，“某物的存在，必有其充分的根据……即是它的本质”。实践教学与社会实践二者在一定的程度上有着相同的旨归，都突出强调引导大学生在参与实践的过程中，了解国情和增长才干，从而提高自身的综合素质，二者之间是辩证统一的关系。第一，实践教学与社会实践二者相互依存。实践教学和社会实践二者相互依赖，彼此的发展并不是孤立的。社会实践是实践教学开展的前提和基础，并且为开展实践教学提供了丰富的资源和多样的形式，有利于丰富和发展思想政治理论课的实践教学。同时，两者都是在遵循教育规律和大学生成长规律的基础上，积极鼓励大学生走进社会生活，在亲身参与中感知社会问题、了解客观国情、接受科学教育。第二，实践教学与社会实践二者是相互贯通的。社会实践和实践教学不仅相互依存，而且还存在相互渗透的关系，因而必定是相互促进、相互贯通的。实践教学在充分借鉴和利用社会实践的多样形式和丰富资源实现自身发展的同时，必然会以更加规范化的发展形式反作用于社会实践。教育部曾明确提出，要积极努力地推动高校思想政治理论课实践教学与大学生社会实践的有机结合。虽然二者在经费来源、时间安排以及资源环境等方面各有不同之处，但高校如果能够正确地处理好实践教学与社会实践的辩证关系，将二者有机结合起来，就既可以解决思想政治理论课实践教学经费不充分、教学方法单一等方面的问题，又可以使有限的实践教学资源得以充分利用。

## 第三节　高校思想政治理论课实践教学有效性提升的路径

### 一、关注受教育主体

从思想政治理论课实践教学的价值来看，它是实践教学活动中合乎人的全面发展和社会全面进步的目的而呈现出的一种肯定的意义关系。马克思强调，“人始终是主体”，主张把人当作主体来对待，反对忽视或否定人的价值与尊严而仅仅把人当作实现某种目的的“手段”。人的主体地位的获得与确证集中体现于主体性上。大学教育是使受教育者主体性生成和发展的关键性因素，思想政治理论课实践教学作为大学生思想政治教育的重要教学环节，其必然归宿和终极价值在于促进受教育者主体性全面发展。因此，思想政治理论课实践教学取得实效的首要前提就是关注受教育者主体性的培育，以实践方式提供受教育者了解国情社情民情、提升自我综合素质的重要途径。

### （一）现实生活：受教育者主体性彰显之域

马克思主义哲学认为，“不是意识决定生活，而是生活决定意识”。这说明，主体的意识并非自发生成的，而是在生活中生成的，生活世界是人的主体性生成之域，实践教学中受教育者主体性生成的基本场域是现实社会生活。这是因为，实践教学的主旨在于帮助受教育者加深对课程内容的理解和把握，课程内容体系并非悬置于空中楼阁，而是马克思主义者及中国共产党人实践经验的总结，这些经验总结源于实际生活，具有高度的抽象性和具体性。正因为理论知识与生活紧密相连，与时代背景、历史背景、社会背景密切相关，所以实践教学不可脱离生活、脱离社会而组织实施。所以，受教育者所处的现实生活世界是实践教学中一切活动的根基，只有在以生活世界为背景的实践活动中受教育者才能获得自主性、能动性和创造性，形成思想认知，唤醒思想情感，形成内心深处的价值信仰。

### （二）参与、对话、共享：受教育者主体性彰显的方式方法

人的思想过程，特别是思想品德的建构，可以被认为是世界上最难解、最精微，也是最复杂的课题。思想政治理论课实践教学正是以实践为师，引领受教育者通过亲身体验参与实践活动，提高受教育者运用所学马克思主义理论分析和解决问题的能力。这种实践教学能够充分唤醒受教育者的主体性，是对思想政治教育目的有效实现的有益探索。其中，方法和手段的运用是思想政治理论课实践教学取得实效的重要因素。以参与、对话、共享的方式方法探索实践教学中受教育者自主性、能动性和创造性的实现，可以使受教育者形成对社会现实的直观认识和亲身感受，升华实践教学效果。

### （三）多向互动：受教育者主体性彰显的视角转换

随着社会形态的不断变化，人逐渐从依赖走向个性自由，逐步从受到客体外在制约走向主体性的能动飞跃。在新的历史条件下，满足人的主体性诉求和尊重人的主体地位成为现代思想政治教育发展的应有之义。在思想政治理论课实践教学中，我们应当改变传统以单向灌输为基本模式的思想政治教育方法，而代之以多向互动作为受教育者主体性生成的方法。

### （四）探索与实施：受教育者主体性彰显的教学实例

根据思想政治理论课内容实践性、理论性及现实性较强的特点，我们在实践教学探索中应当充分考虑受教育者的心理特点、思想诉求、行为习惯，在实践教学的组织与开展过程中注重受教育者自觉性、主动性、积极性的激发，引导受教育者进行自我教育及自主学习，实现教育者与受教育者之间的平等交流、教学相长。

## 二、提高教师素质

### （一）坚定的政治思想

1. 坚定的政治素质

作为思想政治理论课教师，必须具有坚定的政治素质。这是一名合格的思想政治理论课教师应具备的最基本、最重要的素质。思想政治理论课教师坚定的政治素质，其核心就是“四信”，即对马克思主义的信仰、对社会主义的信念、对改革开放和现代化建设的信心、对党和政府的信任。思想政治理论课教师肩负着对大学生传播马克思主义和中国特色社会主义理论的使命，其马克思主义信仰是否坚定，至关重要。思想政治理论课教师应该既是马克思主义理论的研究者和传播者，也是马克思主义理论的信仰者和践行者，对马克思主义信仰要有“千磨万击还坚劲，任尔东西南北风”的不可动摇的信念和“贫贱不能移、威武不能屈”的威严挺拔的气概。只有思想政治理论课教师具备坚定的理想信念，具备推行马克思主义大众化的责任感和使命感，讲课时才能具有说服力和感染力，才能用科学理论的魅力打动学生，解疑释惑，让马克思主义中国化最新成果在大学生成长中焕发更大的活力。

2. 良好的思想素质

思想政治理论课教师还要具有良好的思想素质。思想素质主要是指人的世界观、人生观等观念认识和与之相联系的思想作风、工作作风等。思想素质受政治素质的影响和制约，同时影响政治素质的形成。思想政治理论课教师应坚持解放思想、实事求是的思想路线，具有科学的世界观、积极的人生观和正确的价值观，具有强烈的事业心、高度的责任感和不怕吃苦的精神，具有勤奋工作、不断开拓、不计名利、艰苦奋斗的思想作风。“正人先正己。”正因为思想政治理论课是从政治思想上育人成才的特殊的、重要的课程，所以才要求思想政治理论课教师必须具备坚定的、超越一般教师规范要求的政治思想素质。

## （二）灵活的实践思维

实践思维是教育者在准确把握思想政治理论课实践教学精神实质的基础上形成的自觉认识，它包含两层含义。一层含义是本体论层面上，思想政治教育者应当具有历史唯物主义的实践观；另一层含义是认识论层面上，思想政治教育者应准确把握实践教学中蕴含的“实践性内涵”。恩格斯曾经对承担着思想政治教育职责的“党的政论家”应具备的素质做了阐析，他认为，“作为党的政论家，除了一定的信念、善良的愿望和洪亮的嗓音而外，还需要一些别的条件。同海因岑先生现在具有的和多年经验证明他能够具有的各方面的条件相比，党的政论家还需要具有更多的智慧、更明确的思想、更好的风格和更丰富的知识”。由此，思想、智慧和知识是思想政治教育工作者不可或缺的基本素质，在实践教学中，对马克思主义的实践观以及思想政治理论课实践教学内涵的清晰认识，是思想政治教育者有效组织实践教学的认识论前提。

思想政治教育者需要在唯物主义实践观的视域下对思想政治理论课实践教学的精神实质和本质要求予以把握。思想政治理论课的课程从其特定的教学要求、内容编排、课程体系上担负着对受教育者进行马克思主义理论教育的使命，理论教学内容所反映和概括的马克思主义理论，正是马克思主义者实践活动的总结和提炼，思想政治教育者正是要把这些内容传授给受教育者，使受教育者接受马克思主义理论教育。由此，思想政治教育者应当在实践教学中具备扎实的马克思主义理论素养、灵活的实践思维，以及把思想政治理论课程体系转化为实践教学体系的驾驭能力。

## （三）高尚的道德品质

### 1. 热爱学生、全心全意的服务精神

教师高尚的道德品质是一种无声的教育力量，它深刻地影响着教育对象的思想和行为。热爱学生、全心全意为学生成长成才服务是思想政治理论课教师的最大价值和职责所在。思想政治理论课教师要对学生怀有一种“纵然我扑倒在地，一颗心依然举着你”的责任和挚爱。教育的本质说到底是一种热爱。教育家赞科夫曾说：“当教师必不可少的，甚至几乎是最主要的品质就是热爱学生。”可以说，没有热爱就没有教育，也不会有教育的实效。学是师之骨，德为师之魂。实践证明，灵魂只有用灵魂去塑造；情操只有用情操去陶冶；品质只有用品质去培养；道德只有用道德去感染；人格只有用人格去锤炼。心理学研究表明，学生具

有明显的向师性，教师的一言一行、一举一动都会成为学生效仿的对象，对学生起着潜移默化的作用。因此，思想政治理论课教师不但要以言立教，还要以身立教，即以自身高尚的品德与行为，以自身的表率作用去感召学生，把学生培养成有德之人。只有那些言行一致、言传身教的人，才能真正成为大学生心目中最敬仰和最喜爱的教师。

2. 爱岗敬业、无怨无悔的事业追求

思想政治理论课教师必须对思想政治理论课教学工作怀有强烈的激情和热情。只有对自己的事业有着真诚的热情，才会把自己的全部智慧都投入到教育中，才能毫无保留地把自己的知识和智慧传授给学生，才能几十年如一日地守在教育的园地里，对学生充满强烈的使命感与责任感。教师既然选择了从事思想政治理论课教学的职业，就要把自己的理想、信念、青春、才智毫不保留地奉献给这一庄严的选择。面对困难和挫折，要自我激励，攻坚克难。思想有多远，我们就能走多远。教师爱岗敬业的价值取向决定人生的奋斗目标，也是工作进步的动力所在。既然生在这个伟大的时代，既然投身这一事业，就应该不负时代的重托，不负事业的期望。

### （四）广博的知识

1. 思想政治教育相关知识

近年来，思想政治教育在学科化方向上迅速发展，学科体系日益完善，这极大地促进了思想政治教育由经验向科学的转变进程。思想政治教育的专业知识主要包括两部分。第一，思想政治教育的专业基础知识，主要包括教育学、心理学、社会学、哲学、人才学、美学、伦理学、管理学、政治学等。思想政治理论课教师对这些学科的理论知识及其体系应有比较全面的了解，尤其是对思想政治教育具有重要借鉴的部分应掌握其精要。第二，思想政治教育专业知识。思想政治理论课教师对自己任教的课程要有充分、深刻的了解，并能从整体上加以把握，既熟知本学科的历史发展，又注意结合科研搜集本课程、本学科的最新研究成果。

2. 广博深厚的科学人文知识

思想政治理论课是一门综合性很强的应用学科，其教育对象是具有一定科学文化素质的大学生。因此，从知识结构方面讲，一名合格的思想政治理论课教师不仅要对专业知识了如指掌，还必须具有丰富的相关学科的知识。思想政治理论课教师只有“具备良好的科学文化素养，掌握比较丰富的科学和人文知识，才能使自己的教学内容更加丰富，更有说服力”。而思想政治理论课教师有了丰富的知识底蕴，讲起课来就能融会贯通、旁征博引、左右逢源、引人入胜。学生就能在接受知识的同时，自然而然地接受教师所传授的理论观点，这样思想政治理论教学才能产生诱人的知识魅力，真正发挥其政治教育功能。

### （五）胜任的教育能力

1. 教学能力

教学能力是思想政治理论课教师最基本也是最重要的能力，主要包括教学认知能力、教学设计能力、教学传播能力、教学组织能力、教学交往能力等。教学是一门科学，也是一门艺术，思想政治理论课教师应当特别着力于用精湛的教学艺术去创造性地开展教学。在教学过程中，思想政治理论课教师充分运用适宜的教学方法和高超的教学艺术去吸引学生，可以使学生在理、情、美、趣的享受中被带入课堂教学境界。同时，思想政治理论课教师授课时还应观点鲜明、推理严密、重点突出、论证充分，讲求语言准确生动、课堂气氛和谐、教学情理交融，从而打造思想政治理论课的精品课堂。“春风吹到花才开，功至化境神自来。”教师要运用广博的知识和充沛的激情，把教学活动当成艺术品加以精心雕琢，充分彰显思想政治理论课的魅力和实效。

2. 科研能力

随着马克思主义理论一级学科的设立，思想政治理论课课程建设已经进入到一个教学、科研和学科建设齐头并进的历史发展阶段，每一名思想政治理论课教师都必须同时从教学、科研和学科建设三个层面来发展自己，否则就难以完成新时期思想政治理论课教学任务。只有坚持教学与科研相济、改革与创新并举，教师才能在教学、科研、学科建设的实践中，不断提升自己的能力与水平，使思想政治理论课教育教学更具科学性、针对性、有效性和吸引力、感染力。

## 三、拓展教学渠道

全方位拓展思想政治理论课实践教学渠道，引导学生广泛、普遍地参与深入生活、深入实际、深入基层、深入群众的实践活动，能够使大学生在实践活动中达到升华思想、磨炼意志、增强社会责任感和历史使命感的目的和效果。

首先，校园活动主要包括各种类别的学术活动、丰富多彩的文体活动、全校参与的庆典活动（入学典礼、毕业典礼、节日庆祝）、健康向上的社团活动等。思想政治理论课结合校园活动设计、组织实施实践教学，能使学生潜移默化地受到熏陶和感染，丰富学生的道德情感，提升学生的思想境界，从而使学生形成良好的行为习惯和思想素质。

其次，各种志愿服务是高校组织较多、学生参与面较广的一项活动，也是思想政治理论课实践教学的重要载体。运用志愿服务活动开展思想政治理论课实践教学，能缩小所学理论与实际的差距，弥合思想政治教育与社会现实之间的裂痕，激发学生的社会责任感和成才欲，使学生在实际活动中达到社会价值和个体价值的统一。

最后，社会实践基地是思想政治理论课实践教学的重要阵地，思想政治理论课实践教学应充分挖掘当地资源，联系学校周边的社区、企业、行政部门、事业单位、社会机构等，建立农村参观教学基地、企业厂区参观教学基地、爱国主义教育基地、革命传统教育教学基地等相对稳定的实践教学基地，有组织、有计划地安排学生进行参观学习、调查访问。这有助于学生了解农村发展现状，了解企业发展的成就和存在的困难，了解中国社会和中国革命的发展历史，从而使学生受到启发和教育，获取知识和经验，明确责任和义务，进一步激发学生探索的热情和爱国主义的情怀。

## 四、健全教学机制

### （一）组织保障

与其他客观事物一样，思想政治理论课实践教学是一个包含多种矛盾、多种要素的复杂系统，其运行就是这些要素彼此作用的矛盾运动，每一教学要素都深刻影响着实践教学运行活动。实践教学范围广、难度大，不是仅仅依靠思想政治理论课教师就能够完成的，高校领导以及相关职能部门都是实践教学中的重要因素。各方齐心协力、共同合作形成高效严密的组织保障是实践教学长效运行机制规范化、制度化的保证。为此，高校应把思想政治理论课实践教学作为一项重要工作来开展，由校领导及各职能部门共同建立一个决策运行及组织管理机构安排并统筹规划实践教学的组织实施、经费筹措、计划制订、测评体系构建等事宜，对思想政治理论课实践教学工作予以统一筹备。在战略部署上，我们应当将思想政治理论课实践教学作为高等学校办学水平和质量的重要评估考核指标，纳入高等学校思想政治教育教学评估体系。同时，还应将实践教学纳入高校思想政治理论课实践教学计划，对大学生参加实践教学的目的和任务提出明确要求。

### （二）考核评价体系

思想政治理论课实践教学考核评价体系是对实践教学效果进行价值判断的体系，为实践教学的加强和改进提供有效的参考蓝本。根据马克思主义哲学价值论，实践教学考评是一种价值判断的活动，是对客体是否满足主体需要以及满足程度的评判，体现了思想政治理论课实践教学功能属性与人和社会需要间的相互关系，也是实践教学加强和改进的效果评判保证。在思想政治教育领域内，思想政治理论课实践教学考评体系的建构与完善有其特殊的理论依据与现实基础。

### （三）组织与实行

思想政治理论课实践教学作为一种寓教于“行”的教学环节，是依循思想政治理论课程内容，以受教育者主动参与为形式的教学过程。因此，教育者在组织和实施实践教学时所吁求的不仅仅是思想政治理论课教师及学生这两个要素的参与，还需要学校领导、相关职能部门以及社会各界同心协力，为实践教学构筑健全的长效运行机制，从而为实践教学的顺利开展及有效性实现提供强有力的保障性因素。

## 五、结合社会形势

思想政治理论课实践教学的目的就是培养大学生在实践中去认识社会、认识生活，锻炼和提高他们分析具体问题、解决具体问题的能力。因此，结合社会形势进行实践教学能切实提升其有效性。比如，结合当前经济新常态的大形势，设计组织学生去参观和调研所在城市产业结构优化情况，调研所在城市调整的新老企业的改革情况的思想政治理论课实践教学方案。又如，结合我国“一带一路”倡议的实施，设计组织学生参观、了解和调研所在城市走出去的企业，加深大学生对我国“一带一路”倡议的切身感受和深刻理解。再如，结合“四个全面”战略的实施，设计、组织学生参观了解和调研学校所在城市，或者根据所在的省、市、县、乡镇在全面建成小康战略中精准扶贫的实施情况来设计组织实施思想政治理论课实践教学方案。

# 参 考 文 献


［1］孙晓峰．高校思想政治理论课教学管理机制创新的理论与实践 [M]．合肥：合肥工业大学出版社，2013．

［2］华学成，王红艳，张琴．高校思想政治理论课理论与实践一体化教学模式研究 [M]．徐州：中国矿业大学出版社，2014．

［3］曹顺仙，薛桂波．高校思想政治理论课“一体化”探究式教学模式的理论探索与实践创新 [M]．北京：北京理工大学出版社，2014．

［4］唐世刚，杨江民．高校思想政治理论课教学理论与实践创新研究 [M]．重庆：重庆出版社，2015．

［5］黄祖辉．高校思想政治理论课实践教学指导 [M]．广州：华南理工大学出版社，2015．

［6］张云阁，贺尧夫．高校思想政治理论课实践教学创新研究 [M]．杭州：浙江大学出版社，2015．

［7］李宇卫．普通高校思想政治理论课实践教学概述 [M]．成都：西南交通大学出版社，2016．

［8］张加才，等．高校思想政治理论课实践教学模式研究 [M]．北京：中国民主法制出版社，2016．

［9］温浩，黄志达．当代大学生思想政治教育 [M]．长春：东北师范大学出版社，2017．

［10］付鑫，张亮．大学生思想政治教育 [M]．成都：电子科技大学出版社，2017．

［11］范翠莲，李春风，边黎明．思想政治教育与实践 [M]．北京：九州出版社，2017．

［12］张可辉，栾忠恒．新媒体视域下大学生思想政治教育研究 [M]．北京：中国商务出版社，2017．

［13］斯琴高娃．新媒体视角下的高校思想政治教育研究 [M]．延吉：延边大

学出版社，2018.
［14］蔡元元，刘娟娟. 新媒体环境下思想政治过程教育研究 [M]. 北京：中国广播影视出版社，2018.
［15］赵志业. 文化视野中的思想政治教育研究 [M]. 长春：吉林大学出版社，2018.
［16］邹建平，陈静，陈君. 高校思想政治理论课实践教学研究 [M]. 北京：北京理工大学出版社，2018.
［17］吕志，张居永. 高校思想政治理论课实践教学创新与探索 [M]. 广州：华南理工大学出版社，2018.
［18］顾永新，刘萍丽. 高校思想政治理论课实践教学案例研究 [M]. 西安：西北工业大学出版社，2019.
［19］张磊. 高校思想政治理论课供给侧问题研究 [M]. 济南：山东大学出版社，2019.
［20］陈晓云. 高校思想政治理论课教师的角色冲突 [M]. 上海：上海三联书店，2019.
［21］牛诗琳. 工匠精神与高职院校思想政治教育的融合路径探讨 [J]. 花炮科技与市场，2020（01）：175.
［22］孟发兵. 大数据时代高校思想政治教育创新思考 [J]. 科教导刊，2021（05）：81-83.
［23］赵昕. 高校思想政治教育个性化学习研究 [J]. 宿州学院学报，2021，36（02）：6-8+50.
［24］王晓康. 媒体融合环境下高校网络思想政治教育生态圈构建模式初探 [J]. 长江丛刊，2021（05）：175-176.